마음아, 이겨라

마음아, 이겨라

_김길

규장

전쟁으로 강해지는 마음

길거리 교회 목사

"길거리 교회를 담임하는 김길 목사님입니다."

강사 소개와 함께 사람들이 나를 호기심 어린 눈빛으로 본다. 조금 부담이 된다. 소개를 해준 분은 좋은 뜻으로 한 말인데 청중은 약간의 불안함과 생소함을 갖고 설교자를 대한다는 느낌을 받는다. 나는 길거리 교회를 하려는 게 아니라, 도시를 위해 기도하는 교회를 개척하려는 것이다. 선교사의 심정으로….

선교사가 선교지에 가서 사역을 시작할 때 그 땅과 사람들을 향한 하나님 아버지의 마음을 받고, 복음 증거의 접점을 찾기 위해 기도하는 것처럼 나도 도시에서 그렇게 하고 있다. 도시를 위해 기도하면 그 도시를 향한 하나님의 뜻과 사람들의 필요가 보일 것이고, 그에 합당한 사역을 하는 교회를 개척하려는 것이다. 그리고 그런 모델이 아시아의 대도시들에서 동일하게 일어나는 것을 보고 싶다.

이십대에 선교단체 간사로 사역을 시작하면서 이런 선교적 관점의 교회 개척에 대한 마음을 받았고, 그것은 사십대 중반인 지금도 여전히 내 삶을 관통하고 있다. 이 오래된 꿈을 위해 말로 할 수 없는 훈련을 감내해왔다. 하지만 서울 명동 한복판에 혼자 있으면 이런 생각이 파도같이 몰려온다.

'너는 잘할 수 없을 것이다. 인생의 중요한 기회를 잃어버렸다. 사람들은 결코 자신의 욕심을 내려놓지 않을 것이고, 제자로 살지도 않을 것이다. 너는 혼자서 이 도시에서 나이만 들어갈 것이다. 사람들이 다시 온다 해도, 너는 자신의 욕심을 이루려는 그들과 또 다투게 될 것이고, 결국은 실패할 것이다. 그리고 그것을 구경하던 사람들은 너를 판단하거나 조롱할 것이다. 제자훈련 목회는 한계가 있다고….'

비전과 마음전쟁

선교적 교회 개척의 꿈과 비전이 지난 20여 년 동안 나를 지탱해왔다. 하지만 그 시간 동안 나는 아무것도 하지 못했고, 지금도 여전히 도시의 거리에 혼자 있다. 내 안에서 전쟁의 기미가 느껴진다.

'애초에 안 되는 걸 붙들고 헛된 꿈을 꾸는 건 아닐까? 교회사를 보아도 교회에는 항상 문제가 있었는데, 나는 지금 무엇을 하고자 하는 걸까?'

자괴감으로부터 시작해서 내가 가지고 있는 한계에 대한 절망감이 올라올 때는 정말로 마음이 위축되고 자신이 없어진다. 심지어 '그동안 삶을 드려 진행해온 사역들이 진짜 하나님의 뜻이었을까?' 하는 생각마저 든다.

이런 내게 누군가는 진심 어린 조언을 해준다.

"목사님은 훈련센터를 세우거나 차라리 학교 같은 걸 하시는 게 낫지 않을까요?"

사실 누구에게도 말하지 못했지만 명동 근처에도 가고 싶지 않을 때가 있었다. 누군가 내게 이렇게 말할 것 같아서….

"그동안 기도하셔서 도시가 어떻게 변했습니까?"

마음이 몹시 어렵다. 도시에 교회를 개척해서 기도사역을 비롯하여 도시를 새롭게 하는 다양한 사역을 하고 싶지만 그 출발부터 잘 되지 않고 있다. 큰 절망이 나를 누른다. 특히 저녁에 집에 혼자 있을 때는 깊은 두려움에 빠진다.

'나는 지금까지 무엇을 했을까? 결국 이 도시에 혼자 있는데…

지금까지 무엇을 위해 살아왔을까?'

마음이 시달리고 나서 내린 결론은 오히려 간단하다.

'그래, 지금까지 아무것도 한 것 없이 오직 비전을 품고 도시를 걸어다니기만 했다. 그 외에 다른 어떤 방법이 있는가? 하나님 외에 다른 길은 없다.'

다시 마음이 새로워진다. 그리고 굳게 결심한다.

'지금까지처럼 앞으로도 아무것도 하지 못하고 내 인생이 끝날 수 있다. 그럼에도 나는 하나님 한 분 외에는, 그분을 신뢰하고 믿고 따르는 것 말고는 모르는 사람이 되었다.'

이 고백이 나를 다시 세운다. 말씀을 읽는데 주님이 내게 이렇게 물으시는 것 같다.

'아브라함 한 사람을 불러 큰 민족을 이루시는 하나님을 믿느냐?'

나의 대답은 명료하다.

'예, 믿습니다. 저는 끝까지 믿음으로 할 것입니다. 좋은 교회를 개척하는 것보다 예수님과의 신뢰 관계가 더 중요합니다. 교회를 개척하고, 성장해서 인정을 받고, 좋은 목사가 되는 일들은 중요하지 않습니다. 잘되면 좋지만 그렇지 않더라도, 저는 끝까지 하나님이 원하시는 대로 철저하게 순종하면서 제자로 살고, 제자의 삶을

가르칠 것입니다. 예수님을 사랑하고, 그분이 시키시는 대로 하는 것이야말로 제가 원하는 것입니다.'

몰려오는 고통을 해결하는 일보다 예수님을 향한 신뢰와 믿음을 키우는 일은 보통 사람에게는 잘 일어나지 않는다. 정말 은혜를 받은 사람들에게만 나타나는 일이다. 삶의 즐거움을 위한 소원도 믿음으로 이루기 어렵지만, 매일 고통을 겪으면서 믿음을 강하게 한다는 것은 정말 어려운 일이다.

믿음의 승리

이 책의 두 가지 주요한 내용은 '마음전쟁'과 '믿음'에 관한 것이다. 교회를 개척하기 전에도 전쟁이 많은 삶이었지만, 교회 개척은 그야말로 처절한 전쟁이었다. 나는 그 전쟁에서 효과적이고 세련되게 승리하지 못했지만 실패하면서 배운 내용들을 정확하게 기술하고자 했다.

전쟁에 대한 실패감이 정점에 달할 즈음, 하나님께서는 믿음을 가르쳐주시기 시작했다. 이미 오래전부터 예수님을 믿고, 구원을 확신하고 있었지만, 실패를 통해 그분을 더 깊고 풍성하게 배우는 시간이 되었다. 마음전쟁에서 승리하게 하고, 삶의 문제를 해결하는 믿음의 방법들 그리고 믿음으로 의롭게 되는 것에 대한, 조금은 신학적인 내용을 정리해보았다. 이 책의 전반부에 나오는 내용은 로마서 16장까지 개인적인 묵상노트를 쓰면서 배운 것들이다. 존 스토트 목사님의 《로마서 강해》와 《새 사람》을 세밀하게 읽고 도움을 받았다.

탈고하고 나니 마치 밤새 공부하고 시험장에 들어선 수험생 같은 기분이다. 밤을 새워 공부를 했어도 시험지를 보기 전까지는 자신이 없고 불안하다. 시험 문제를 풀고 정답을 맞춰보기 전까지 마음은 가라앉지 않을 것이다.

첫 책 《증언》 이후로 세 권의 책을 더 썼지만 늘 마음이 쉽지 않았다. 이전에는 혹 내가 책을 내게 된다면 성공적으로 사역이 이루어지고, 많은 사람들의 입에 오르내릴 때쯤, 성공 사례와 같은 긍정적인 내용을 쓸 거라고 꿈꾸었다. 그것은 마치 정답을 알고 있어서 시험을 잘 볼 뿐만 아니라, 높은 성적으로 많은 사람들에게 환영을 받는 것과 같다.

하지만 책들은 성공 사례의 전파가 아니라 실패 사례의 극복 과정을 생중계하듯 쓰여지고 있다. 실패에 대한 진실함이 책의 바탕에 흐르고 있기에 쉽지 않다. 젊어서부터 늘 나를 괴롭혀 온 것이 바로 이것이었다.

가능성으로만 끝날 것 같은 느낌, 이상을 좇다가 현실에서는 아무것도 이룬 것이 없는 삶, 그냥 뜻이 좋은 사람으로만 남는 것, 현실에 적응하지 못하는 사람이 되는 것….

그동안 열심히 살았지만 확실한 성공 사례는 없다. 사람들이 좋아할만한 능력을 입증하고 업적을 세운 적이 없다. "이렇게 하면 잘될 수 있어요" 하는 내용들이 아니다. 그럼에도 많은 독자들의 사랑을 받았다. 따뜻한 지지와 격려가 계속 이어졌다.

이런 글들에 대해 편집팀은 격려와 열렬한 환호를 보내준다. 아내에 이어 나의 가장 소중한 독자들은 바로 첫 책 이후로 일관되게 작업을 해준 편집팀이다. 원고에 자신이 없을 즈음에는 던킨 머그컵을 선물하면서 용기를 내라고 격려해주고, 《차이니즈 봉봉》을 사주면서 요리 만화를 좋아하는 우리 가족 모두를 기쁘게 해준다.

그럼에도 그들은 프로페셔널의 자세를 잃지 않는다. 눈물을 흘리며 원고를 보았다고 격려를 하고 나서는 독자의 눈으로 정직하게 말한다. 원고가 어떻게 독자에게 더 다가가야 하는지에 대해서. 나는 삐치지 않는다. 그들이 얼마나 나를 존중해주고, 내 원고를 좋아하며, 세심하게 날 배려해서 해주는 말인지 알기 때문이다. 나의 부족한 필력을 탓할 뿐이다. 실패에 대한 고통과 격렬한 내용들에 눈살 찌푸리지 않고, 끝까지 내게 신뢰와 격려를 보내주는 그들이 없었다면 이 책은 세상에 나오지 않았을 것이다.

갓피플에 올라가는 방송설교와 책이 나오기를 기다리며 격려해주는 독자들께도 깊은 감사를 드리고 싶다. 또한 지금까지의 책 중에 가장 기대가 된다고 믿음으로 말해주시는 규장 대표님에게도 감사를 드린다. 무엇보다 지난 일 년 동안 함께 어려운 시간을 보내며 기도해준 아내에게 고마움을 전한다.

아시아의 대도시들을 품고
명동에서 기도하는 김길

CONTENTS

에필로그

Part 01

전쟁

치열한
마 음
전쟁을
치르고
얻 는
승 리

전쟁을 피할 수 있는 인생은 없다. 전쟁인 줄 모를 수는 있어도 전쟁이 없다고 말할 수는 없다. 믿음이 아니면 결코 전쟁에서 이길 수 없다. 전쟁을 당당히 치르자. 그리고 승리하자. 밝고 청결하며 열매가 풍성한 삶이 기다리고 있다.

Chapter 01

전쟁이
있다

시달리는 삶

지난해 봄부터 우리 집은 가정이자 학교가 되었다. 홈스쿨을 하게 되면서 나는 부모이자 선생이 되었다. 사실 아내는 초등학교 선생님이었고, 나는 중학교 교사 자격증을 소유하고 있다. 그래서 누구보다 공교육의 한계를 절감하고 있음에도 아이를 부모가 전적으로 책임져야 하는 홈스쿨을 권하고 싶지는 않다. 그것은 생각보다 지루하고 전망이 불투명한 일이다. 그러나 우리에게는 어쩔 수 없는 선택이었다. 아들이 중학교에 가지 않겠다고 한 것이다. 우리는 비교적 담담하게 그것을 받아들였다.

아마도 그 여름, 그 사건이 없었다면 중학교에 가도록 우겼을지도 모른다. 늘 안 좋은 일은 한꺼번에 온다. 딸이 아파트 광장에서 친구들과 마을 잔치를 즐기다가 중학생들에게 걸렸다. 딸의 친구들은 그들에게 순순히 돈을 주었다. 그리고 이전에 두 번이나 걸린 한 아이는 떨면서 도망쳤다.

그러나 나를 닮은 딸은 중학생들에게 대들었고, 그들은 초등학교 6학년들과 합세해서 5학년인 딸을 가만두지 않겠다며 학교로 찾아온다고 했다는 것이다. 아이들이 크면서 한번쯤 있는 일이라고 웃고 넘어갈 만한 느낌이 아니었다. 대단히 기분이 나쁘고, 함정에 걸려든 것 같았다.

정말 당황스럽게도 돈을 뺏는 중학생들이 같은 아파트에 사는 평범한 아이들이라는 것이다. 그들은 옆에 있는 아이들의 돈을 아무렇지 않게 뺏는다. 그리고 다시 평범하고 일반적인 아이들로 돌아간다. 딸이 그런 일에 고약하게 걸려들었다는 것이 나를 불안하게 했다. 그들은 특별하게 구분된 아이들이 아니라 딸이 크는 내내 같이 살아가야 할 아이들이다. 딸은 그들에게 찍힌 거였다. 평범한 얼굴을 한 아이들이 악의적으로 괴롭힘을 주는 함정에 빠진 것이다.

확실히 우리가 클 때와 지금은 다르다. 우리 때는 '노는' 아이들이 따로 있었다. 공부 잘하는 아이들이나 싸움을 잘하는 아이들은 그들만의 리그가 있었다. 그러나 지금은 그렇지 않다. 요즘 아이들은 자신이 원하는 것을 얻기 위해서는 어떤 거리낌도 없이 무슨

일이든 저지른다.

그 일이 일어난 직후 딸을 보호하기 위해 학교 주변에서 서성이던 우리 부부는 놀라운 장면을 목격하게 되었다. 아들이 운동장에서 몇몇 아이들에게 맞고 있었다.

'아, 이건 또 뭔가…'

우리가 애써 외면하고 있던 삶의 문제들, 깊이 묻혀서 드러나지 않았던 지뢰들이 발밑에서 펑펑 터지고 있었다. 많은 아이들이 보는 가운데 6학년인 아들이 운동장에서 자기보다 큰 아이들에게 얻어맞고 있었다. 몇몇 아이들은 그저 지켜보고 있었고, 두 명의 아이가 주도적으로 아들을 때렸다. 아내는 말로 할 수 없는 참담함에 눈물을 흘리며 서있었다.

그 두 아이에게 다시는 그러지 않겠다는 약속을 받는 선에서 끝냈지만 우리 가족은 깊은 상처를 받았다. 왜 아들을 때렸냐는 우리의 질문에 그 아이들은 '나대서 때렸다'라고 말했다. 왜 조금 떨어지는 아이는 불쌍하게 있어야 맞지 않는단 말인가. 누가 연약한 사람에게 불쌍함을 요구하는가.

두려운 시작

아내에게는 말하지 못했지만 연애 이후로 나는 공포감에 시달렸

다. 연애를 시작한 지 얼마 되지 않아서 우리의 교제를 반대하는 가족들에 의해 아내의 주민등록이 말소되었을 때, 그것을 다시 회복시키기 위해 동사무소에 가서 사정을 해야 했을 때, 집에서 쫓겨나다시피 한 아내가 머물 수 있는 쪽방을 보증금 없이 월세로 얻어야 했을 때, 아들이 아파서 무언가를 해야 할 때마다 나는 몹시 시달렸다.

막상 하면 할 수 있고, 지나고 나면 잊기도 했지만 이런 일이 있을 때마다 나 혼자 모든 일을 해결해야 한다는 막막함이 늘 마음을 짓눌렀다. 호적에 실제보다 한 살이 많게 되어 있어서 친구들과 달리 주민등록증을 일찍 만들어야 했고, 신체검사도 먼저 받아야 했다. 모두 성인이 되기 위해 치러야 할 통과의례와 같은 것들인데 내가 나약해서인지 매우 공포스러웠다.

처음 보는 사람들 앞에서 옷을 벗고 엉덩이를 보여야 했던 신체검사의 그 두려움과 낯설음이 아픈 아들을 키우면서 심리적으로 반복된다.

'어떻게 이 아이를 잘 가르칠 수 있을까?'

아무리 자식이지만 세밀하게 모든 면에서 직접적인 책임을 져야 하는지 늘 막막함이 가슴을 누른다. 어쩌면 모든 부모가 그런지도 모른다.

딸과 아들의 일을 겪은 후 나는 이후의 강의 일정들을 취소하고 여름 내내 가족과 함께 지냈다. 유진 피터슨의 《메시지》로 마가복음을 같이 읽고 서로 나누면서 시간을 보내고, 여행도 다녔다. 지금도 경주에서 자전거를 타고 다니며 박물관을 관람한 것이 기억에 남는다. 더운 날이었는데 물이 떨어져 전시회 부스에서 물을 얻어 마시면서 우리는 돌아다녔다.

아들이 중학교에 가지 않겠다고 한 것은 어쩌면 당연한 일이었다. 그가 그동안 얼마나 시달리고 차별을 받으면서 학교에 다녔을지 생각하니 차마 더 강권할 수가 없었다. 아들의 슬픔과 부모로서의 불안함과 두려움이 홈스쿨의 출발이었다.

아들을 위한 기도

가정은 쉬는 곳이고, 아들과 나는 같이 노는 관계인데 갑자기 공부가 될까 걱정이 되었다. 하지만 다행히 우리는 즐겁게 공부를 할 수 있었다. 첫 수업 시간을 잊지 못할 것 같다. 아들과 국어 공부를 하고 나서 조심스럽게 물었다.

"오늘 공부… 어땠어?"

"응, 예배드리는 것 같았어."

사실 나도 그런 느낌을 받았다. 평안하면서도 지적 열정이 있는

시간이었다. 우리 가족이 같이 성경을 읽고 나눌 때와 같은 분위기였다. 아마도 좋으신 하나님께서 우리와 함께하신 것이 아닌가 싶다.

아들은 즐겁게 공부를 하다가도 문득 자신의 외로움을 이야기하곤 한다. 혼자 있는 것이 외롭다며 운다. 그런 아들을 보면 나도 슬퍼진다. 아들을 위로해보지만 얼마나 도움이 되는지 알 수 없다.

"아이들이 너를 괴롭힌 것은 너를 얕잡아 보았기 때문이야. 네가 그렇게 보이지 않으려면 먼저 공부를 잘할 필요가 있어. 그리고 운동을 통해 스스로를 보호할 수 있어야 해."

그래서 요즘 나는 아들과 복싱을 배우러 다닌다. 아들에게 자신감을 심어주려고 시작했는데 점점 나도 즐겁게 다닌다. 건강에도 좋고, 무엇보다 육체적으로 힘든 순간을 아들과 훈련하는 시간으로 삼을 수 있어서 좋다. 땀이 비 오듯 쏟아지고 숨이 가쁘지만 우리는 파이팅을 외치면서 기쁘게 하기로 결정한다. 훈련이 끝나고 돌아오는 고요한 시간에 아들과 시원한 이온음료를 마신다. 육체의 단련은 마음을 고요하게 한다.

국어는 내가, 수학은 엄마가 가르치는데 영어는 우리가 할 수 없어서 학원에 보낸다. 기도하면서 영어학원에 갔는데 레벨 테스트에서 떨어졌다. 결국 중학생들이 조금 있는 어학원에 가서 다시 테

스트를 받고 통과하여 다니게 되었다. 학원에서 아이들에게 괴롭힘을 당할 것이 걱정돼 마음이 묶이고 쉬지 못한다. 기도하지만 괴로움이 가시지 않는다. 새벽에 일어나서 간절히 기도한다.

'하나님, 아들이 괴롭힘을 당하지 않도록 도와주시옵소서.'

기도가 응답되지 않고 혼자서 외치고 있다는 생각이 든다. 무언가 기도에 문제가 있다. 이럴 때는 기도를 바꾸어야 한다.

'하나님, 제가 무엇을 배워야 할까요? 어떻게 기도해야 할까요?'

그때 마음에 이런 생각이 든다.

'아들이 평생 살면서 어디에 가더라도 상대하기 어려운 사람들을 만날 수밖에 없다. 그런 상황을 다 통제할 수 없다면 그가 자신이 처한 상황을 잘 감당하도록 기도해야 한다.'

기도를 바꾼다.

'아들이 자신이 겪는 상황을 잘 감당할 수 있도록 도와주시옵소서.'

기도가 깊어지니 나의 믿음을 돌아보게 된다. 아들이 괴롭힘을 당하는 상황을 두려워하고 있는 나 자신을 위해 기도한다.

'혹 아들이 괴롭힘을 당하는 상황이 다시 온다 해도 저는 믿음으로 아들을 돌보고, 그런 상황을 감당하겠습니다. 두려워하지 않게 하시고 믿음을 강하게 하여 주옵소서.'

마음이 평안해진다. 그러면서 아들의 레벨 테스트를 담당했다는 선생님이 떠오른다. 아무래도 아들을 잘 도와줄 것 같다. 다시 기도한다.

'주여, 아들이 좋은 선생님을 만날 수 있도록 도와주시옵소서.'

아침을 먹는데 아내는 여전히 불안한 표정이다. 새벽에 기도한 내용을 아내에게 말해준다. 함께 믿음을 훈련한 아내는 순식간에 평강을 찾는다. 우리의 마음은 믿음으로 담대해진다. 가정은 더 행복해지고 평안해진다.

아내에게 물어본다.

"레벨 테스트를 진행했던 선생님이 혹 크리스천이신가?"

아내가 아니라고 말해준다.

"그러면 휴머니티가 강한 분이신가?"

아내는 잘 모르겠다고 한다. 반이 다르지만 그 선생님에게 배우는 딸이 말한다.

"그 선생님이 장로님의 딸이라고 하셨어."

"아, 그렇구나."

안도가 된다. 그리고 기도한다.

'주여, 특별히 아들을 불쌍히 여기사 그를 도우소서.'

아들과 공부를 하다보면 한계를 느끼는 상황이 생긴다. 처음에는 억지로 이해시키려 했지만 순간 이런 생각이 들었다.

'아, 지금 아들을 내 지혜로 가르치고 있구나.'

내 지혜로 가르치면 설명이 매끄럽지 못하다. 그리고 아들도 명쾌하게 이해하지 못한다. 수업 시간에 긴장이 일어난다. 대화는 무뚝뚝해지고, 예배와 같은 분위기가 없어지고, 딱딱함이 온 집 안을 감싸게 된다. 처음 공부를 할 때는 그런 시간이 비교적 자주 있었다.

순간적으로 내 안에 슬픈 마음과 함께 회개가 일어났다. 아들이 이해를 못하거나 집중을 하지 않아서가 아니라, 내가 선생으로서 성령의 인도하심을 놓치고 있음을 자각했기 때문이다. 아내와 아들과 함께 기도하자고 말했다. 먼저 내가 아들에게 용서를 구했다.

"아빠가 하나님의 인도하심을 놓치고 인간적인 지혜로 가르치려 했음을 인정하고 회개하고 싶다."

아들도 내게 미안해하면서 간절히 기도했다.

"성령님, 우리의 지혜로 공부하려 했던 것을 회개합니다. 성령님이 지혜와 지식을 주시지 않으면 공부할 수 없습니다."

우리의 기도가 어느 때보다 간절하고 겸손하다. 공부의 시작과 끝에 기도할 때마다 나는 아들의 등에 손을 얹고 기도한다. 가끔 아들의 어깨에 내 이마를 대고 기도하기도 하는데 마음이 겸손해지는 은혜가 있다.

'하나님께서 우리의 공부를 인도하고 계신다!'

같이 놀고 먹고 TV를 보다가 공부를 하려고 둘이 앉으면 지적이

고 친밀한 학습 분위기가 자연스레 살아난다. 이것은 사람이 만들
수 있는 게 아니다.

전쟁의 주관자

아들은 공부를 하다가 종종 엄마에게 자신의 성격대로 대들고,
내게는 무표정하게 말을 하지 않음으로써 반항한다. 실수하면 어
렸을 때처럼 자신의 잘못을 서둘러 이야기하고 보호를 받으려 하
지 않고, 엄마나 아빠가 어떻게 하는지 지켜본다. 아들이나 딸 모
두 수학을 풀다가 잘 안 풀리면 그 화를 엄마에게 낸다. 내가 보기
에는 어이가 없다. 가끔 아내도 참다 안 되면 소리를 지른다.

순간 나는 느낀다.

'아, 이것은 전쟁이구나.'

아들을 향한 불편한 마음은 결국 원수가 나를 이 전쟁에 끌어들
여 무너지게 하려는 것이라는 생각이 든다. 간신히 아들과 국어 수
업을 마치고 같이 복싱을 하러 간다. 복싱장에 가서 아들의 손에
랩(글러브를 끼우기 위해 먼저 감는 천)을 두르는 일을 도우면서도 불편
하다. 나는 마음을 다잡는다.

'아들을 위해 이 운동을 시작한 것이다. 아들이 3주 동안이나 복
싱을 배웠지만 아직 랩을 감지 못하는 것을 불편해하면 안 된다.

나는 아들이 혼자 적응하지 못할까봐 와서 돕고 있는 것이다. 복싱이 내 건강에 도움이 된다는 생각이 들자마자 아들을 돕는 것이 불편해질 수 있다.'

아들과 복싱하는 내내 몸을 움직이면서 속으로는 기도를 했다.

'하나님, 이 전쟁은 제가 할 수 있는 것이 아닙니다. 아들에게 따뜻하게 가르치려면 하나님께서 이 전쟁을 주관하셔야 합니다.'

아들의 문제가 아내의 문제가 되고, 그 문제가 내 문제가 되는 것이 전쟁이다. 보통은 약간의 짜증으로 끝나고, 어떤 발전도 없고, 관계만 서먹해지는 것이 전쟁의 결론이다.

전쟁이 났을 때 가족이 서로 더 화목하고 성장하려면 전쟁을 하나님께 맡겨야 한다. 내 전쟁이 하나님의 손에 올라갈 때 승리할 수 있다. 전쟁은 내가 하는 것이 아니다. 나는 어떤 경우에도 원수를 다스리거나 이길 수 없다. 오직 하나님께서 원수를 물리치셔야 이길 수 있다. 그러므로 겸손하게 전쟁을 주님의 손에 기도로 올려드려야 한다. 겸손한 기도로 나에게 일어난 전쟁을 하나님께 맡길 수 있다.

마음이 가난하고 하나님을 의지하고 있다면 전쟁에 대한 부담과 내 실수에 대한 염려는 사라지고, 하나님께서 전쟁에 간섭하시고 나를 보호하신다는 것을 느낄 수 있다. 하나님의 보호는 먼저 전쟁

으로 인한 불편한 마음을 평강으로 바꾸어주시는 것에서부터 시작된다. 전쟁이 시작되면 마음이 불편해진다. 쉬지 못하면서 곧 나의 연약한 성품이 나올 것 같은 상황이 된다. 자주 전쟁을 겪어 본 사람은 알 것이다. 원수가 시비를 먼저 걸어오면 불편함을 느껴 그 상황에 개입하다가 결국 자신의 연약함이 나오게 되어 말려들고 만다. 그러면 원수는 더 활개를 치고, 나는 수치를 경험할 수밖에 없게 된다.

전쟁이 하나님께 옮겨 가야 비로소 내 마음이 쉴 수 있다. 기도를 통해 하나님이 전쟁에 개입하시기 시작하면 마음은 평상시와 같은 평강으로 전쟁을 볼 수 있게 된다. 그러면 이미 승리한 것이다. 하나님께서 전쟁에 개입하시면 그때부터 하나님의 성품에 입각하여 진리를 선포하시기 시작한다.

운동을 마치고 아들과 같이 걷는 동안 이런저런 이야기를 한다. 자연스럽게 수학 공부에 대해서 말하게 된다. 자신의 공부를 스스로 즐겁게 하고, 안 풀리면 겸손하게 도움을 청하는 것이 좋겠다고 말한다.

"엄마와 아빠는 가정일과 바깥일로 바쁘지만 네 공부를 도와주고 있어. 네가 감사하면서 잘 따라와준다면, 우리는 더 즐겁게 열심히 너를 도울 수 있을 거야."

원수는 아들 안에 불만이 가득하게 하고, 아내를 낙담시켜 결국 나를 무너지게 하려고 했다. 그러나 내가 전쟁에 승리하기 시작하자 아들은 수학 문제를 못 푼 것이 자신의 문제임을 정직하게 인정하고, 엄마와 아빠가 도와주는 것이 고마운 일임을 알게 되었다.

나도 아들을 향해 더욱 소망을 갖게 되었고, 아들은 수학 실력도 향상되고, 복싱으로 자신감도 갖게 되었다. 그리고 함께 미래에 대한 이야기를 나누게 되었다. 이처럼 하나님의 성품에서 나오는 것은 장래에 대한 소망으로 가득하다. 이제 원수는 없다. 하나님께서 주시는 현실에 대한 겸손한 인정과 장래에 대한 소망만이 있다.

진실과 진리가 선포될 때 원수는 설 자리가 없다. 현실을 인정하지 않는 불만과 자신의 문제를 남 탓으로 돌리는 것, 그런 상황에 좌절하는 부모의 마음을 기반으로 원수는 존재하기 때문이다. 우리가 겸손하게 진리 되시는 하나님께 맡기고 기도할 때 주님께서 전쟁을 맡아주시며 승리하게 하신다.

구원의 투구와 성령의 검 곧 하나님의 말씀을 가지라 엡 6:17

피할 수 없는 마음전쟁

마음전쟁은 우리 삶의 소중한 영역에서 항상 발생한다. 그 전쟁

을 피할 수 있는 인생은 없다. 전쟁인 줄 모를 수는 있어도 전쟁이 없다고 말할 수는 없다. 항상 원수는 믿는 사람을 괴롭히기에 전쟁이 없을 수 없다. 욥을 보면 원수의 공격이 자녀와 재산과 건강과 부부관계에 집중되는 것을 알 수 있다. 참 어렵다. 사람이 가장 소중하게 여기는 것들에서 영적전쟁이 일어나 사람을 괴롭힌다.

나는 아들이 겪는 고통을 통해 무수한 공격을 받았다. 원수는 항상 아들을 공격했고, 그 고통은 내게 고스란히 전달되었다. 아들의 고통은 가정의 고통이고 나의 고통이다. 그러면 전쟁에 굴복하고 인생이 망가졌는가? 아니다. 오히려 인생이 강해지고 행복해졌다.

아들은 또래 아이들에게 괴롭힘을 많이 당했다. 아이들은 아들에게 여자아이들에게 가서 이상한 짓을 하도록 부추겼고, 아들의 돌발적인 행동을 보면서 낄낄거렸다. 아들은 수치심을 느꼈다. 학교 운동장에서 아이들에게 얻어맞았고, 집에만 오면 그들을 욕하면서 죽고 싶다고 했다.

아들의 고통을 보면서 아내와 나는 정말 슬펐다. 아들이 겪는 고통을 함께 해결하는 방법은 아들과 더욱 친밀한 관계가 되는 거라고 생각했다. 아들과 나는 마음을 터놓고 대화를 하면서 점점 인생과 장래에 대해서 진지하고 깊은 이야기를 즐겁게 할 수 있게 되었다. 그 정서적, 영적 연결이 모든 일에 힘이 되었다. 사춘기가 오면

서 점점 독립적이 되는 것은 사실이지만, 서로를 사랑하고 막힘없이 현재와 장래를 정직하게 이야기할 수 있는 관계가 만들어졌다.

만약 전쟁이 없었다면 우리의 관계는 보통보다 조금 더 친밀한 수준에 머물렀을 것이다. 인생을 살면서 가장 소중한 것은 가족과 누릴 수 있는 친밀한 관계이다. 먹고살기 위해 쉽게 이런 것들이 희생되기 쉬운데 전쟁 때문에 가정의 본래 모습, 가장 소중한 것을 함께하는 친밀한 관계가 회복될 수 있다.

영적전쟁은 우리 삶의 소중한 영역에 있는 작은 틈에서 발생한다. 내가 충분히 잘하지 못하는 영역, 믿음이 부족하여 내 실수가 고여 있던 삶의 부분에서 일어난다. 원수가 괴롭히는 것이다. 틈이 있던 삶의 소중한 영역들이 전쟁을 통해 빛 가운데 다루어지게 된다. 전쟁이 없었다면 서서히 어두워졌을 그 영역이 전쟁을 통해 깨끗이 청소되기 시작한다.

결국은 믿음을 통한 확고한 승리로 삶을 강하고 청결하게 만드는 것이다. 믿음이 아니면 결코 전쟁에서 이길 수 없다. '아들이 알아서 커주거나, 아니면 적당히 돌보면 남들처럼 커주겠지' 하는 마음으로 전쟁에서 승리할 수는 없었다. 특별한 관심을 가지고 기도하고 전쟁을 치름으로 아들이 잘 자라게 되고, 삶은 다시 평안함을 회복하게 되었다.

전쟁을 근실히 치르면서 삶을 돌보면 항상 청결하고 즐겁게 살 수 있다. 승리의 열매가 풍성한 삶을 살게 된다. 전쟁을 피하면서 게으르게 살면 삶은 점점 덫에 걸리는 것처럼 안일해진다. 죄가 늘어나고, 믿음이 아닌 것들이 장악하게 되고, 열매가 아니라 잡초가 가득하게 된다. 전쟁을 당당히 치르자. 그리고 승리하자. 밝고 청결하며 열매가 풍성한 삶이 기다리고 있다!

죄와의 전쟁

영적전쟁을 치르는 전쟁터가 있다. 먼저 우리는 죄의 영역에서 원수와 전쟁을 치른다. 원수는 우리를 죄 짓게 만든다.

죄를 짓는 자는 마귀에게 속하나니 마귀는 처음부터 범죄함이라 하나님의 아들이 나타나신 것은 마귀의 일을 멸하려 하심이라 요일 3:8

성경에 말씀하신 대로 마귀는 처음부터 사람을 죄 짓게 만들었다. 죄를 짓는 것은 마귀에게 속한 사람의 특징이다. 그러므로 처음부터 그랬던 것처럼 원수 마귀는 우리가 죄를 짓도록 끊임없이 유혹한다. 죄와 싸우는 것은 마귀와 싸우는 것이다. 그렇다고 사람의 모든 죄가 다 마귀 때문이라는 말은 아니다. 마귀는 그 속성상 우리가 죄를 짓도록 유혹한다.

마귀가 없다면 내 자신만 잘 단속하면 죄를 짓지 않을 수도 있을 것이다. 그러나 마귀가 있는 한 그런 것은 어리석고 순진한 생각일 뿐이다. 죄를 짓게 만드는 원수가 항상 있다는 것을 알고 조심해야 한다. 내가 죄를 짓지 않기로 결심하면 죄 짓지 않을 수 있다는 순진함을 버리라. 하나님의 사람들을 무너뜨리기 위해 원수 마귀가 죄를 짓게 만드는 노력을 끊임없이 계속하고 있다는 사실을 반드시 알아야 한다.

죄는 전쟁의 영역 안에 있다. 아담과 가인과 가룟 유다가 죄를 짓고 어떻게 되었는가? 이 모든 일에는 원수가 개입했다.

가인같이 하지 말라 그는 악한 자에게 속하여 그 아우를 죽였으니 어떤 이유로 죽였느냐 자기의 행위는 악하고 그의 아우의 행위는 의로움이라 요일 3:12

죄를 짓게 만드는 원수의 유혹과 공격을 결코 가볍게 생각하지 말라. 그것은 매우 어리석다. 만약 어떤 사람이 하나님과 하나님나라를 위해 꼭 필요하다면 반드시 원수는 그를 죽이려 할 것이다. 죄를 짓게 만들어서 만천하에 그의 죄가 드러나게 만들고, 아무것도 할 수 없게 만든다.

죄에 대해서는 누구도 안심할 수 없다. 사람은 살아있는 한 언제든 죄를 지을 수 있다. 어처구니없는 죄를 지을 수 있다. 지금 죄를 짓지 않더라도 누구든지, 언제나, 죄의 유혹에서 자유롭지 못하다. 산 속에 혼자 있더라도 그렇다. 원수가 없는 곳은 없으니…. 이 세상에 죄를 피할 곳은 없다. 천국에 가서야 죄의 유혹에서 벗어날 것이다.

그러나 죄에 대한 깊은 회개가 있다면 하나님의 은혜는 날마다 새롭다. 역설적으로 은혜가 많은 사람은 죄가 많은 사람이다. 물론 은혜가 없는 사람은 그 죄에 하나를 더한 사람이다. 자신의 죄를 인정하지 않는 죄…. 은혜가 있다면 죄를 다스릴 수 있다. 원수를 없앨 수는 없지만 죄의 유혹에 현저히 강해지는 자신을 볼 수 있다.

그렇게 죄에 조금 강해지면 바로 시작되는 것이 원수의 2차 공격이다. 내면의 질서를 무너뜨리는 것이다. 우리 내면이 쉬지 못하고 다시 죄에 빠지도록 끊임없이 마음의 불안함, 관계의 단절을 일으키며 정신적 공격을 가한다. 원수가 내면을 공격하면 잠시도 쉴 수 없다. 아무 일이 없어도 마음이 힘들고 쉬지 못한다.

나는 지난 20여 년간 마음이 편할 날이 거의 없었다. 누군가는 '크리스천인데 왜 평강이 없냐'라고 할지 모른다. 물론 평강하다. 그러나 쉬지 않고 평강을 깨트리며 내면을 공격하는 원수의 존재가 있는 한 몸은 가만히 있어도 마음은 전쟁을 치르게 된다. 피해

의식에 시달릴 만큼 원수가 방해를 한다. 사람이 무서워지고, 일이 무서워진다. 모든 것이 언젠가 나를 공격하는 것으로 바뀔 것이라는 망상이 몰려올 정도가 된다.

그럴 때는 걷거나 찬양을 하거나 방언으로 기도를 한다. 최근에는 두 가지를 집중적으로 하는데 그 하나가 운동이다. 몸을 쓰면 잠시 마음이 쉬고, 몸이 힘들어짐으로써 정신이 하나님께 집중된다. 이것이 정기적인 금식이나 노동이 필요한 이유가 아닌가 싶다.

대천덕 목사님의 자서전에서 인상 깊었던 내용이 있다. 목사님의 선친이 선교사로 사역하다 안식년을 맞으셨을 때 의사의 처방이 '노동'이었다고 한다. 정신을 많이 쓴 사람은 몸을 씀으로써 균형을 맞추어야 한다고. 이 내용이 인상적이어서 늘 마음에 남아있다.

다른 하나는 성경을 읽는 것이다. 복음서를 읽으면 쉬지 못하는 마음이 가라앉는다. 생각이 힘들고 마음이 지칠 때 말씀 앞에 앉아 있으면 마음이 정돈되고 모든 공격이 물러간다.

고난과 핍박이 있다

죄를 다스리고 내면이 무너지지 않을 때 원수는 우리를 핍박한다. 고난과 핍박을 주어서 사람을 이상하게 만든다. 멀쩡한 사람도 원수에게 걸려들면 그동안 가졌던 모든 권위와 영향력을 순식간에 잃고 우습게 된다. 그래서 그동안 헌신하고 봉사했던 사람들에게 마저 우스운 사람 취급을 받게 된다. 마치 인격에 문제가 있는 사람처럼 말이다.

몸이 아플 수도 있고, 가까운 가족이 고통을 당할 수도 있고, 하는 일마다 막히고 철저하게 고립될 수도 있다. 예수님도 가까운 제자들에게, 욥도 아내와 친구들에게 그런 일을 당했다.

이런 핍박과 고난이 올 때는 기도해도 아무런 응답이 없는 경우가 많다. 원수의 시간에는 세상의 모든 것이 정지된 듯하다. 원수가 마음대로 괴롭히고 물러가고 나서야 다시 기도가 시작되고 삶이 정상이 된다. 그저 괴롭힘을 당하면서 이 시간이 지나가도록 믿음을 지키는 것 말고는 다른 방법이 없어 보인다.

악이 판을 칠 때 아무것도 할 수 없는 상황이라니…. 그러나 곧 하나님께서 등장하신다. 원수는 찾으려야 찾을 수도 없게 된다. 하나님께서 승리하셔야 우리는 전리품을 가질 수 있다. 고난을 참으면 승리의 전리품은 우리의 것이다. 원수를 죽이는 데 집중하면 안 된다. 원수는 싸움을 일으키기만 해도 자신의 목적을 이룬 것이다. 그러므로 우리는 말려들지 말고 인내하다가 하나님의 심판이 시작되면 나아가서 상을 받으면 된다.

요셉은 가까운 가족들의 배신으로 노예로 팔려 가고, 헌신 봉사했던 주인에 의해 누명을 쓰고 감옥에 가고, 자신의 도움으로 감옥에서 나간 술 맡은 관원에게 배신을 당했다. 하지만 그는 형들과 주인과 죄수들과 싸우는 삶을 살지 않았다. 오히려 그 어느 때보다 하나님과 친밀했고, 그분의 도움을 많이 받았다. 그리고 마침내 이 방 나라 이집트를 하나님의 지혜로 다스리는 사람이 되었다. 이것이 우리가 가야 할 길이다.

분별의 출발은 전쟁이 있음을 아는 것이다. 내 욕심이 아닌 성령의 뜻을 따르라. 하나님과의 온전한 관계 안에 참 자아를 찾을 수 있다. 정직하게 자신의 마음을 살피라. 영적전쟁에서 말은 무용하다. 전쟁의 상황을 하나님께서 정리하시도록 기도하라.

Chapter 02

마음전쟁의
이유

원수에게 붙잡힌 마음

뱀이 여자에게 물어 이르되 하나님이 참으로 너희에게 동산 모든 나
무의 열매를 먹지 말라 하시더냐 창 3:1

인류의 가장 중요한 문제가 간단한 대화로 시작되고 있었다. 뱀
이 말을 걸기 전에는 하나님과 사람 사이에 틈이 없었다. 그러나
뱀이 말을 걸기 시작하자 상황이 복잡해졌다. 하나님은 동방의 에
덴에 동산을 창설하시고, 그분이 지으신 사람을 그곳에 두셨다. 그
리고 그곳을 경작하고 지키는 일을 맡기셨다.

한 가지 중요한 일도 말씀하셨는데 선악을 알게 하는 나무의 열매는 먹지 말라는 명령이었다. 명령을 어기면 반드시 죽는다고 하셨다. 그런데 뱀이 사람을 꾀어 하나님의 명령을 지키지 못하도록 만들었다.

하나님께서는 동산의 각종 나무의 열매를 사람이 마음대로 먹을 수 있도록 허락하셨다. 그리고 오직 선악을 알게 하는 나무의 열매만은 먹지 말도록 명령하셨다. 예수님께서 말씀하신 대로 뱀과 전갈을 밟으며, 원수의 모든 능력을 제어할 수 있어야 했는데, 사람은 원수의 말에 말려들었다. 물론 처음에는 원수의 말에 넘어가지 않고 하나님께서 말씀하신 대로 정직하게 말하고 공격을 물리쳤다.

여자가 뱀에게 말하되 동산 나무의 열매를 우리가 먹을 수 있으나 동산 중앙에 있는 나무의 열매는 하나님의 말씀에 너희는 먹지도 말고 만지지도 말라 너희가 죽을까 하노라 하셨느니라 창 3:2,3

사람은 하나님의 명령을 비교적 정확하게 알고 있었다. 선악을 알게 하는 나무의 열매만은 먹을 수 없음을. 그러나 항상 원수는 우리가 알고 있는 지식 체계를 흔들어놓는다. 특별히 하나님께서 주시는 믿음의 지식 체계를 흔들어 생각이 오류에 빠지도록 계속 유혹을 한다. 처음 공격을 잘 막아낸 사람은 두 번째 공격을 맞게 된다.

뱀이 여자에게 이르되 너희가 결코 죽지 아니하리라 너희가 그것을
먹는 날에는 너희 눈이 밝아져 하나님과 같이 되어 선악을 알 줄 하
나님이 아심이니라 창 3:4,5

원수가 사람에게 죽지 않는다고 말한다. 자신의 논리로 사람을
쓰러뜨리기 위해 거짓말을 한다. 하나님께 불순종하면 하나님과의
관계가 깨어지고 사망에 이르게 된다. 사람을 지으신 하나님에게
서 떨어져 나간 사람은 살 수 없다. 그런데도 원수는 죽지 않는다
고 말한다.

하나님께서 영원히 멸망시키기로 결정하신 원수와 한편이 되는
것은 사망 가운데 거하는 것임에도 원수는 거짓말을 늘어놓는다.
사람은 이 말에 넘어갔다.

'그래, 설마 그 열매 하나를 먹었다고 죽겠어?'

이 간단한 생각이 사람을 죽음으로 몰아가고 있었다. 원수는 한
발짝 더 나아갔다. 죽지 않을 뿐만 아니라 사람이 하나님과 같이
되어 선악을 알게 된다고. 악한 원수는 자신의 위치를 지키지 않고
하나님처럼 되려다 원수가 되었고, 사람들을 끊임없이 그와 같이
만들어서 하나님과 멀어지도록 부추긴다.

시기로 물든 마음

가끔 남이 가진 것을 부러워하는 정도를 넘어 남의 것을 끊임없이 욕심내며 그것을 가지고 있는 사람이 망하기를 바라는 사람들을 만난다. 드러내지 않지만 느낄 수 있다. 모든 반역의 기저에는 이런 감정이 있다. 그것이 원수의 전형적인 모습이라는 것을 알아야 한다. 예수님을 십자가에 못 박게 했던 유대인들도 예수님을 시기했다.

그들이 모였을 때에 빌라도가 물어 이르되 너희는 내가 누구를 너희에게 놓아주기를 원하느냐 바라바냐 그리스도라 하는 예수냐 하니 이는 그가 그들의 시기로 예수를 넘겨준 줄 앎이더라 마 27:17,18

그들은 여러 가지 이유로 예수님을 대적했지만 그런 것들은 표면적인 이유였고, 진짜 이유는 예수님을 향한 시기심이었다. 결코 그들 스스로 '시기심에 가득 차서 예수님을 공격하는 것'이라고 말한 적이 없다. 그러나 그들의 시기는 예수님을 십자가에 못 박히게 만들었다. 원수는 본래 자신의 마음을 드러내지 않고 악을 행한다.

자칭 유대인이라 하는 자들의 비방도 알거니와 실상은 유대인이 아니요 사탄의 회당이라 계 2:9

유대인이라고 하나 사실은 사탄에게 붙잡힌 사람들을 잘 분별하여야 한다. 원수에게 붙잡힌 사람들과는 어떠한 대화도 가능하지 않다. 그들에게 시기심이 있기 때문이다. 그것을 고쳐줄 수도 없고, 그들의 시기가 무서워 진리 가운데 살지 않을 수도 없다.

자신이 시기하고 있다면 원수와 한편이라는 것을 알아야 한다. 시기가 무엇인지 모르겠다면 간단하게 알 수 있는 방법이 있다. 자신에게 없는 것을 가진 사람을 볼 때 마음이 불편하다면 혹 시기하는 게 아닌지 살펴볼 일이다. 그 마음을 정직하게 살펴볼 용기만 있다면 시기인지 아닌지 아는 것은 그리 어렵지 않다.

불편한 마음에서 찾아내는 모든 결점과 그에 대한 비판은 자칭 유대인이라 하나 원수였던 사람들의 모습이기도 하다. 유대인들은 예수님을 불편해 했는데, 그 이유는 자신들이 가지고자 했던 진정한 영향력을 예수님께서 가지고 계셨기 때문이다.

사람들의 변화가 자신들이 아닌 예수님을 통해 일어날 때 유대인들은 예수님을 시기했다. 그들은 예수님의 반복되는 가르침에도 결코 마음을 바꾸지 않았다. 그들의 시기심으로 예수님께서 십자가를 지시고 나서야 상황은 종료되었다.

뱀이 말을 걸어왔을 때 그것이 인류의 생사를 결정하는 큰 문제이며, 원수가 사람을 죽이겠다는 의도를 가지고 시작한 대화라는 걸 하와가 알았다면 결과는 달라졌을 것이다.

분별의 출발은 전쟁이 있음을 아는 것이다. 물론 삶의 모든 일들이 전쟁일 수는 없다. 그러나 성경이 말씀하시는 대로 원수는 분명히 존재하고, 우리를 망하게 하려 한다. 전쟁에 대한 분별력이 없었던 사람은 결국 원수의 유혹에 넘어졌고, 사망에 이르게 되었다.

> 그러므로 한 사람으로 말미암아 죄가 세상에 들어오고 죄로 말미암아 사망이 들어왔나니 이와 같이 모든 사람이 죄를 지었으므로 사망이 모든 사람에게 이르렀느니라 롬 5:12

성숙하고 지혜로우며 넘어지지 않는 사람은 전쟁에 대한 분별력이 있는 사람이다. 전쟁이 있는 줄도 모르는 사람은 반드시 원수의 공격에 넘어지게 된다. 전쟁에 대한 감각이 민감해야 한다. 전쟁은 때로 지뢰같다. 땅에 숨겨져 있다가 누군가 지나가면 터진다. 항상 지뢰가 있을 거라 생각하고 조심해야 한다. 믿음의 사람이 전쟁을 분별할 줄 모른다면 반드시 넘어지고 다치게 된다.

사실 원수는 믿음이 좋은 사람이든 아니든 무차별적으로 공격한다. 그래서 예수님이 다시 오실 때까지 우리는 전쟁을 피할 수 없다. 최선의 방법은 전쟁을 분별하고 승리하는 것이다. 내가 가만히 있으면 원수도 잠잠히 있고, 내가 잘하면 원수의 공격을 피할 수 있을 거라고 생각하지 말라. 원수는 제 마음대로 아무나 어느 때나 공격하고 다니는 정말로 악한 존재이다.

심지어 함정을 파고 기다리고, 올무를 만들어서 누구든지 걸려들기를 바란다. 이때 우리의 선함이나 상황은 원수의 공격과는 아무런 상관이 없다. 우리가 잘하면 잘하는 대로, 못하면 못하는 대로 원수는 공격한다. 그러므로 최선은 전쟁을 분별하고, 원수를 대적하는 것이다.

전쟁이 분별되었다면 전쟁에 맞게 행동해야 한다. 아담은 전쟁인 줄 모르고 뱀에게 말려들어 죄를 짓고 말았다. 전쟁은 혈과 육에 관한 것이 아니다. 전쟁은 악한 원수의 공격에 대응하는 영적인 것이다. 혈과 육에 갇혀서 영적전쟁을 분별하지 못하고 영으로 대응하지 못하면 전쟁에서 언제나 지게 된다. 영적인 전쟁은 그에 맞게 대응해야 한다.

우리의 씨름은 혈과 육을 상대하는 것이 아니요 통치자들과 권세들과 이 어둠의 세상 주관자들과 하늘에 있는 악의 영들을 상대함이라

엡 6:12

원수의 가장 주요한 전략 중 하나가 '이것은 전쟁이 아니라 단순히 현실적인 문제이며, 사람들 간의 갈등이다'라고 여기게 만드는 것이다. 그래서 전쟁에 대한 분별이 없는 사람은 오직 눈에 보이는 문제와 사람 사이의 갈등만을 보게 된다. 그러나 혈과 육에 대한 대응으로는 영적인 존재의 방해를 대적하고 묶을 수 없다.

내 욕심 vs 성령의 뜻

모든 사람에게는 욕심이 있다. 욕심 자체는 악하지 않은 경우도 있다. 식욕과 같은 생존의 욕구가 나쁘다고 할 수 없다. 그러나 분명히 성경은 우리의 욕심이 성령의 뜻을 대적하고 거스른다고 말씀하신다. 성령의 뜻을 거스르는 욕심은 반드시 죄를 낳게 한다. 욕심이 잉태한즉 죄를 낳기 때문이다.

그런데 예수님을 믿고 성령의 인도하심을 따르는 삶을 살게 되면 죄의 내용과 회개의 내용이 달라진다. 하나님과의 관계가 성장하면 선을 행할 수 있음에도 행하지 않았던 것들을 회개하게 된다. 선을 행하라는 하나님의 뜻을 거슬렀던 것들에 대해서 회개하게 되는 것이다. 심각하게 나쁜 죄만 죄가 아니다. 하나님의 뜻에 불순종했던 모든 것들이 죄가 된다. 무엇보다 하나님과 한뜻이 되지 않고, 하나님께서 긍휼히 여기시는 사람을 내 욕심으로 대했을 때

주시는 아픈 마음이 있다.

자신의 돈을 아까워하는 것은 살아있는 한 계속될 것이다. 누군가 돈에 대한 욕심이 하나도 없는 것처럼 행동하고 말하는 것을 보면 언젠가 돈 문제로 넘어질 것 같아서 조금 걱정스럽다. 반대로 돈에 대한 욕심을 부끄럽지 않게 여기는 것도 문제이다. 하나님과 돈을 겸하여 섬길 염려가 있기 때문이다.

성경은 욕심을 해결하는 방법에 대해서 말씀하고 계신다. 성령의 뜻을 따르라는 것이다. 사실 인류 역사는 사람의 욕심에 대한 통찰이었다고 할 것이다. 모든 고통은 사람의 욕심에서 오기 때문에 욕심과 고통을 받아들이고 추구하든지 아니면 애써 욕심이 없어진 것처럼 행동하든지이다.

성경에 이 부분이 명쾌하게 정리되어 있다.

내가 이르노니 너희는 성령을 따라 행하라 그리하면 육체의 욕심을 이루지 아니하리라 갈 5:16

결국 욕심을 다스리고 죄를 짓지 않으려면 성령의 뜻을 따라 살아야 한다. 그런데 그게 말처럼 쉽지 않다. 그래서 자신 안에 있는 욕심에 대해 늘 정직하게 기도하고 하나님의 도움을 받으라고 권면하고 싶다. 자신의 욕심에 대해서 얼마나 잘 아는가가 성숙의 척

도라고 생각한다. 늘 자신이 욕심에 시달리는 사람이라는 한계를 알고, 그래서 하나님의 도움이 반드시 필요하며, 성령의 도움이 없이는 언제든 넘어질 수 있다는 것을 인정하고 사는 것이다.

호주에 있는 친구 성욱이가 에어컨을 설치하라고 재정을 보내주었다. 그런데 그것을 친구에게 허락을 받고 한 지체에게 헌금했다. 그리고 맞은 지난해 여름은 장마가 없는 폭염이었다. 그래서 온 가족이 빈 물병들을 모아서 수돗물을 넣고 냉장고에 얼렸다가 수건에 싸서 목에 두르고 있었다. 에어컨 설치를 알아보니 주문이 밀려 가을이 되어서야 올 수 있다고 했다. 도저히 참을 수 없을 지경이 되었을 때 태풍이 오고 더위가 좀 가라앉았다.

진즉부터 이런 날이 올 것을 알고 있었다. 나이가 들면서 여름을 보내기가 어려워졌다. 더운 것을 좋아하던 아내마저도 마흔이 넘어가면서 힘들어했다. 에어컨을 설치해서 시원하게 보내고 싶은 마음과 더위에 대한 공포감이 헌금하는 것을 어렵게 만들었고, 무슨 재정이든 끌어 들여서 에어컨을 설치해야 한다는 마음까지 들게 했다. 그러나 그렇게 하지 못했다. 확실한 하나님의 뜻을 받지 못했기 때문이다.

누군가는 그런 것도 하나님의 뜻을 받아서 하냐고 할 수 있다. 또는 덥다는 것이 가장 강력한 하나님의 뜻이라고 말할 수도 있다.

어쨌든 평소 훈련하던 것처럼 기다리는 시간을 보냈다. 그리고 가을이 왔다. 여름이 갈 무렵 우리 집에 오셨던 장모님이 늦은 가을에 한 번 더 오셨다. 이틀 간 장모님과 우리 가족은 따뜻하고 평안한 시간을 보냈다. 선물을 해야 한다는 부담이 있어서 강의가 끝나고 집으로 오는 길에 여성복 가게에 들러 장모님의 사이즈에 맞는 옷을 사다드렸더니 무척 좋아하셨다.

장모님이 더위가 지나고 늦가을에 오셔서 더욱 차분하고 친밀한 시간을 보냈는지 모른다. 그런데 장모님이 가시면서 에어컨을 설치하라고 재정을 주시는 게 아닌가! 정확히 친구가 먼저 보내온 것의 두 배였다. 마음이 쉽지는 않았다. 평소에 장모님께 재정을 좀 보내드리는데 에어컨 값을 받으면 그것을 다시 돌려받는 것 같아 불편했다. 무엇보다 우리가 할 수 있는데도 받아야 하는지 고민이 되었다.

하지만 장모님은 우리가 결혼할 때 아무것도 해주지 못한 것을 늘 마음에 걸려 하셨다. 그래서 장모님을 더욱 따뜻하게 섬겨야 한다는 생각을 하면서 기쁘게 받았다. 친구가 보낸 에어컨 재정을 다른 지체에게 헌금하고, 에어컨 설치를 위해 기도하고, 장모님이 재정을 주실 때까지 계속 하나님의 뜻을 구했다.

사람이 자신의 욕심을 부끄러워하면서 못 본체한다고 욕심을 다스릴 수 있는 게 아니다. 욕구를 정직하게 보고, 하나님께 정직하게 말하고, 도움을 받는 것이 좋다. 하나님께 자신이 받고 있는 유혹과 두려움을 이야기하고 다룸을 받을 수 있다면 비교적 안전하다고 할 수 있다.

자신이 욕구의 존재라는 것을 인정할 줄 알고, 하나님께 그것을 이야기하면서 마음을 다스리고, 결국 하나님의 도우심으로 욕구를 승화시키고, 하나님의 뜻으로 성취를 이룰 수 있다면 그는 정말 성숙한 사람이다.

욕구인가 사명인가

종종 자기가 원하는 것을 추구하는 욕구가 자신인 줄 아는 사람들이 있다. 돈을 많이 벌고, 사람들에게 인정받고, 부부 사이가 좋고, 재정이 넉넉하고, 자녀들이 잘되는 것이 자신인 줄 아는 사람들이다. 만약 이런 욕구들이 자신이라면 원하는 그것들이 이루어지지 않을 때는 자신의 인생이 없어지는 것으로 생각하게 될 것이다. 그래서 욕구에 자신의 자아를 올려놓으면 항상 위태롭다. 이들은 설사 자신이 원하는 것을 가졌다 해도 행복할 수 없다. 이는 하나님께서 사람을 지으실 때 욕구를 이루는 존재로 지으시지 않았기 때문이다.

돈을 많이 벌고 잘살겠다는 욕구는 강하게 삶을 이끌어가지만 결코 만족함과 자아실현을 가져다주지는 못한다. 그것은 진리가 아니다. 욕심을 이루는 것으로 자신의 인생을 성취하려는 사람들은 출발이 잘못된 것이다. 그 방법으로는 절대로 올바른 길을 찾을 수 없다. 진정한 자아가 아닌 삶은 껍데기에 불과하다. 그 사람이 하는 모든 행동과 삶의 내용에 진정성이 없다.

욕심으로 사람들을 만나며 일을 하고 있으니 그 삶의 어디에 진정성이 있겠는가. 또한 그런 이들은 하나님 앞에서도 자신의 욕구를 이루는 게 가장 주요한 마음의 내용이 된다.

그러나 하나님은 사람의 욕심에는 결코 반응하지 않는 분이시다. 하나님께서 아무 반응이 없으심에도 우리의 욕심은 무언가 자신이 잘하고 있는 것처럼 속여서 계속 허망한 일에 힘쓰게 만든다. 욕심에 붙잡힌 마음 안에 마치 하나님의 뜻인 양 모양만 선한 마음을 만들어낼 수도 있고, 욕심에 속아서 그 일이 내 욕심이 아닌 양 열심을 내게 만들 수도 있다. 욕심은 마치 풍선처럼 무언가 있는 듯 하지만 터지고 나면 아무것도 없다.

적절한 비유인지 모르겠지만 자신의 아내가 아닌 여자를 향해, 사실은 욕심이고 불륜인데 사랑이 온 것처럼 들뜨는 사람이 있다고 하자. 그런 사람에게는 욕심에서 나온 죄의 결과로 처절한 인생의 쓴맛, 심판만이 기다린다. 잘못된 성적 욕심을 사랑이라고 스스로를 속이고 그 욕심의 길로 빨리 달려간 결과는 인생의 소중한 모든 것을 잃는 것이다.

이처럼 욕심을 감추고 선한 것인 양 포장해서 스스로를 부추기는 욕구 위에 인생을 올려놓는 실수를 해서는 안 된다. 그것은 계란 위에 서 있는 인생이다. 계란은 곧 깨어질 것이고, 발은 더럽혀질 것이다. 그 냄새는 이루 말로 다 할 수 없을 것이다.

자아는 하나님과의 관계 안에서 정해진다. 하나님은 우리를 자녀로 삼으셨다. 하나님이 아버지가 되시고, 우리는 그분의 자녀가 되었다는 관계 속에서 우리 자신을 파악해야 한다. 또한 하나님은 우리의 주인이 되셨다. 우리는 하나님의 종으로서 자신을 파악해야 한다. 예수님은 포도나무이시고 우리는 가지가 되었다. 우리 자신이 가지라는 사실을 늘 기억해야 한다. 가지는 나무에 붙어 있어야만 살 수 있고, 떨어지면 죽는다. 잘 붙어 있는 가지는 반드시 좋은 열매를 맺는다.

살아계신 하나님 아버지와의 관계 속에서 내가 누구인지 항상 파악하고 자신을 규정해야 흔들리지 않는 인생을 살 수 있다. 우리가 원하는 것이 이루어지든 그렇지 않든 간에 우리는 항상 하나님의 자녀로서 아버지 되신 그분의 보호와 도움을 받을 수 있다. 이 관계가 흔들리면 우리의 정체성이 흔들리게 된다. 우리가 원하는 것을 이루지 못한다 해도 인생은 행복할 수 있다. 하나님과의 관계만 온전하다면….

그러나 만약 원하는 것을 이루었다 할지라도 하나님 아버지와의 관계가 온전하지 않다면 그 인생은 불안정하다. 정체성은 하나님 아버지와의 관계 속에서 주어진다. 참된 자아를 실현하려면 이 관계를 잘 지키고 보호해야 한다. 하나님 아버지와의 관계가 친밀하고 온전하다면, 우리는 항상 하나님이 주시는 은혜와 안정감 속에서 나 자신을 발견할 수 있다.

주인 되신 하나님께서 부탁하신 명령 속에서 우리는 자신을 발견할 수 있다. 분명한 것은 사람의 명령이 아니라는 것이다. 사람의 명령 속에서 자신을 발견하려 하면 반드시 허망해진다. 인생에 남는 것이 없다. 그러나 주인 되신 하나님께서 종인 나에게 부탁하신 사명 속에서는 반드시 참된 자아를 실현하는 것이 가능하다. 하나님께서 내게 하라고 하신 일을 한다면 그 결과가 어떠하든지 온전한 관계 속에서 즐겁게 인생을 살아갈 수 있다. 당연히 결과도 훌륭할 것이다.

그러나 사람들이 얼마나 모여들고 주목하는가, 건물이 얼마나 크고 훌륭한가, 어떤 놀라운 일들이 일어났는가 하는 것은 오히려 우리의 정체성을 손상시킨다. 단 한 번이라도 사람들의 관심을 받지 못하거나 재산이 줄거나 놀라운 일이 일어나지 않게 되면 그의 정체성은 망가진다.

참된 자아는 하나님 아버지께서 부탁하신 사명 속에서 발견된다. 하나님께서 맡겨주신 사람들에게 예수님을 증거하여 하나님나라를 확장하는 삶 속에서 찾게 된다. 원수는 우리가 참된 자아를 찾아서 행복한 인생을 사는 것을 끊임없이 방해한다. 욕구에 집중하게 하고 욕심을 이루지 못하면 인생이 실패한 것이라고 날마다 속인다. 그러나 썩어서 없어지는 것에 인생을 걸면 인생이 없어진다. 하나님과의 관계 안에서 그리고 하나님이 맡겨주신 사명 안에서 자신을 찾으면 반드시 진정한 열매를 거두게 된다.

공동체가 치르는 전쟁

개인도 그렇지만 공동체가 치르는 전쟁 또한 극렬하다. 로마서의 마지막 16장은 성도들을 향한 바울의 인사로 마무리 된다. 사람들의 이름을 거론하면서 문안인사를 하던 바울이 갑자기 17절에서 어떤 사람들을 살피고 떠나야 한다고 강하게 권면한다.

영어성경으로 로마서를 묵상하고 노트를 기록하던 중에 이 갑작스러운 바울의 권면이 놀라워서 한글성경을 찾아보게 되었다. 한글성경이었다면 아마도 전체적인 흐름 속에서 이 본문을 중요하게 보지 않았을 것이다. 영어성경으로 묵상을 하다보니 갑자기 문맥의 흐름이 강하게 바뀌는데, 내 부족한 영어 실력 탓에 헷갈리는 줄 알고, 한글성경을 자세히 읽어 보았다.

형제들아 내가 너희를 권하노니 너희가 배운 교훈을 거슬러 분쟁을
일으키거나 거치게 하는 자들을 살피고 그들에게서 떠나라 롬 16:17

주석도 살펴보았다. 제임스 던의 주석과 기독교서회에서 나온
주석 그리고 내가 좋아하는 존 스토트 목사님의 《로마서 강해》를
보았다. 세 가지 주석에서 동일하게 말하는 것은 바울이 언급하는
'그들'이 누구냐 하는 것이다. 결론은 비슷하다. 초대교회가 싸웠
던 영지주의자들이나 할례파가 아니라 교회 안에 있는 사람들이라
는 것이다.

그들의 특징이 18절에 조금 더 자세하게 나와 있다. 그들은 그리
스도를 섬기지 않고 자신의 배만 섬기는 사람들이며, 순진한 사람
들을 교활한 말과 아첨하는 말로 미혹하는 사람들이다. 바울이 가
르친 교훈과 순전한 복음을 거슬러 자신들을 위하는 사람들이 교
회 안에서 분쟁을 일으키고 있다. 이것이 전쟁이라고 바울은 선포
한다.

평강의 하나님께서 속히 사탄을 너희 발 아래에서 상하게 하시리라
우리 주 예수의 은혜가 너희에게 있을지어다 롬 16:20

복음을 자신의 이익을 위해 사용하는 사람들이다. 교회에 와서

자신의 이익이 이루어지도록 다른 사람을 미혹하고, 순전한 믿음의 사람들과 분쟁을 일으키는 사람들의 배후에는 전쟁이 있다. 영적인 전쟁을 모른다면 사탄을 이길 수 없고, 교회는 더욱 어려워지게 된다. 바울은 교회가 어떻게 이 전쟁을 치러야 하는지 말해준다.

> 너희의 순종함이 모든 사람에게 들리는지라 그러므로 내가 너희로 말미암아 기뻐하노니 너희가 선한 데 지혜롭고 악한 데 미련하기를 원하노라 롬 16:19

악으로는 악을 이길 수 없다. 악한 자들에게 악한 방법을 사용하면 물러가지 않는다 더욱 중요한 것은 선하신 하나님께서 이 전쟁에 개입하실 수 없고, 우리는 사탄을 발 아래에 밟을 수 없게 된다. 이 전쟁에는 두 가지 순종함이 요구된다. 자신을 위하지 않는 순전한 복음적인 태도가 필요하다. 특별히 교회에 관한 일을 할 때 오직 예수님을 위한 삶을 살아야 한다. 항상 문제는 내 욕심이다. 나를 위하고 싶은 마음이 복음을 변하게 하고, 교회를 내 욕심을 채우는 곳으로 만들어버린다.

우리는 복음에 순종하고, 복음을 전파하는 교회의 본래 모습을 지키는 것에 순종해야 한다. 바울이 전한 교훈, 순전한 복음을 믿고 따르며 삶 속에서 실천해야 한다. 특별히 그리스도의 몸인 교회를 향해서는 어떤 경우에도 내 욕심을 위해 무언가를 도모하지 않도록 조심해야 한다. 사탄은 그런 부분에서 우리가 욕심을 부리도록 끊임없이 미혹한다.

정직하게 자신의 마음을 살피면 알 수 있다. 상황이 복잡하면 내 마음도 복잡할 수 있지만 '지금 이 모든 일 속에서 나는 그리스도를 섬기고 있는가 아니면 나를 섬기고 있는가?' 하는 정직한 다림줄을 내려야 한다. 조금이라도 나를 위한 것이 있다면 두려워하고 피해야 하며 회개해야 한다.

나를 위한 말과 행동을 서슴지 않고 교회 안에서 행한다면 사탄의 미혹에 넘어가게 되고, 다른 사람도 넘어지게 하며, 교회를 어렵게 만들게 된다. 어떤 경우에도 교회에서 나를 섬기는 일을 하지 말아야 한다. 혹 그리스도를 섬기지 않고 자신을 섬기는 사람들이 있다면 성경의 가르침대로 해야 한다. 살피고 떠나는 것이다.

한 가지 더 순종할 것은 선하게 하는 것이다. 자신을 섬기는 사람이 교회를 어렵게 할 때 악하게 같이 싸우면 안 된다. 하나님의 승리가 없고, 우리가 원수를 밟을 수 없고, 분쟁만 있게 되기 때문이다. 그런 사람들이 교회를 어렵게 할 때 그리스도를 섬기는 사람들은 더욱 그리스도를 섬기고 자신을 섬기지 않는 선한 모습으로 하나님의 뜻에 순종해야 한다. 그렇게 할 때 하나님은 평강으로 교회를 다스리시고, 사탄을 우리의 발 아래 밟히게 해주신다.

벌써 몇 년째 목회에 실패를 거듭하고 있다. 아마도 변화와 성장을 포기하지 않는 한 목회는 잘 되지 않을 것 같다. 변화는 하나님과 교회와 자신의 죄를 향한 태도의 변화이다. 성장은 자신의 삶을 변화시켜서 예수님을 닮아가고, 예수님을 증거하는 권능 있는 삶을 사는 것이다. 먹고사는 문제의 해결을 위해 인생을 다 쓰는 것이 아니라, 예수님을 증거하는 성령충만한 제자가 되어 자신의 삶의 문제를 해결 받는 삶을 말한다.

실패의 원인은 목사인 나에게 있다. 아무리 리더십들이 어그러진 말을 해도 목사가 목회철학을 이룰 수 있는 믿음의 역량이 되어 있다면 반드시 이룰 수 있을 것이다. '이리'(요 10:12 참조)가 온다는 것은 알았으나 어떻게 해야 하는지를 몰랐다. 목회를 하면서 이리를 처리하는 방법을 모른다면 교회는 혼란을 피할 수 없을 것이다.

혼란을 부르지 않으려면 죄와 타협하고, 하나님의 부르심과 교회를 향한 부르심을 타협해야 한다. 사람들이 좋아하는 일에 헌신해야 혼란이 오지 않는다. 사람들의 죄를 지적하고, 태도의 변화를 요구하고, 예수님을 증거하는 삶을 이야기한다면 혼란은 피할 수 없다.

사람들이 목사를 공격하거나 무서워하는 척하면서 고립시킨다. 그러면 목사는 말을 더욱 세게 하게 되고, 반드시 책잡힐 만한 말을 하게 되어 사람들로부터 고립된다. 그래서 성도들이 원하는 말을 해야 살아남을 수 있고, 혹 타협이 없는 분명한 설교를 한다 해도 성도들이 들을 정도여야 한다. 또한 삶의 근본적인 변화가 아니라 결국은 먹고사는 데 도움이 되는 말이어야 한다.

영적전쟁에서 말은 무용하다. 교회가 망가지는 것을 보면서도 기도만 해야 한다. 목사 안에 타협이 없는 마음이 필요하다. 말을 안 한다고 해서 타협하는 게 아니다. 상황을 하나님께서 정리하시도록 기도하는 것이다. 이리가 공격하는 상황에서 차분하게 기도가 나오고, 사람들에게 휘둘리지 않는다면 상당한 믿음의 역량을 구축한 것이다.

믿음이 필요하다. 내가 이리를 물리치려고 해서는 안 된다. 설득으로 이리를 양으로 만들 수 없다. 모든 상황의 뒤에는 원수의 공격이 있다. 원수를 보면서 상황을 생각하고, 영적인 공격에 대해서 영적으로 풀어가야 한다. 끝까지 상황이 안 풀릴 수 있다. 그래도 어쩔 도리가 없다. 예수님께서도 목자를 치면 양들이 흩어진다고 말씀하셨다. 전쟁의 날에는 그런 일이 있다. 하나님의 뜻대로 하고자 할 때 전쟁을 피할 수 없고, 목자가 죽으며, 양들은 흩어지는 때가 있는 것이다.

예수께서 제자들에게 이르시되 너희가 다 나를 버리리라 이는 기록

된 바 내가 목자를 치리니 양들이 흩어지리라 하였음이니라 _{막 14:27}

지진이 나서 사람들이 떠난 곳에서 사역하는 목사님을 만난 적이 있다. 교회가 안정적으로 성장하고 있었는데 예의 그 공격이 시작되었다. 목사님은 어떤 사람이 정말 미워서 고통스러웠다고 한다. 그런데 어느 날 갑자기 아무런 문제도 느껴지지 않으며, 그 사람을 사랑할 수 있게 되었다고 한다.

그때 함께 만났던 젊은 사역자들은 이 이야기를 들으며 서로를 위로했다. 다들 사역이 잘 풀리지 않아 코가 빠져 있는 상태였다. 우리는 목사님을 진심으로 위로하고 격려했다. 정말 그렇게 해결되기란 쉽지 않다. 이것은 목사님의 마음이 바뀌었다는 정도의 이야기가 아니다. 원수의 공격에 대해서 목사님이 사람과 자신의 고통을 보지 않고, 하나님이 주시는 마음으로 믿음의 승리를 했다는 내용이다. 그래서 진심으로 축하해주었다.

그 목사님의 인격과 믿음이 훌륭해서라기보다 하나님께서 은혜를 주셔서 목사님이 계속 그 교회를 섬기도록 축복해주셨다는 것이 우리의 결론이었다. 하나님께서 은혜를 주시면 될 것이고, 원수의 공격이 지나치면 안 될 것이다. 항상 은혜를 받고 원수가 물러가는 것은 아니다. 영적인 세계는 다 알 수 없다. 안 되는 경우가 더 많다. 그러면 실패를 통해서 아프게 배워야 한다.

인생을 살면서 영원히 기회가 오지 않을 수도 있다. 이 또한 받아들여야 한다. 사역은 내 것도 아니고, 내가 하는 것도 아니다. 전쟁은 믿음으로 한다. 원수는 믿음으로 물리친다. 목자가 죽고, 양들이 흩어지는 것을 각오해야 한다.

Part 02

마음

치열한
마 음
전쟁을
치르고
얻 는
승 리

주의 뜻도 이루고 고난도 없는 삶은 없다. 전쟁에 빠진 자신의 인생이 슬퍼지면 지는 것이다. 자책하지 말고 회개하자. 영적전쟁도, 고난도 없는 삶은 창피한 삶이다. 죽기로 각오하고 싸워야 원수가 물러간다. 전쟁을 치르고 수고하는 삶이 온전한 삶이다.

Chapter 03

상처 난
마음

공격의 통로

믿음은 마음으로 믿는 것이다. 상처도 마음에 받는 것이다. 원수
는 우리 마음에 상처를 주어 믿음을 버리도록 유혹한다. 상처받은
마음은 쉽게 믿음을 버리고 자신의 상처를 따라 죄를 선택하게 만
든다. 상처 난 마음은 원수가 쉽게 건드려서 죄를 짓게 만드는 영
역이 된다. 원수의 주요한 공격 통로가 되는 것이다.

나는 아버지와 어머니, 그리고 가족들에게 사랑과 인정을 받고
싶었다. 그런데 아버지는 일찍 돌아가셨고, 어머니는 다른 분에게
가셨다. 큰형은 나를 키우기에 벅찬 인생을 보내고 있었다. 나는
가장 기본적인 욕구인 가족들의 사랑이 내면에 충분히 채워지지

못한 채 성장했다. 그것이 상처가 되어 내 안에 리더들을 향한 기묘한 마음이 생긴 건 아닐까 싶다. 누군가 나를 조건 없이 돕는 일은 없을 것이라고 믿는 마음과 그럼에도 간절히 도움을 받고 싶은 혼란스러움은 늘 원수의 공격 대상이 되었다. 그래서 때로 사람에게 묶이기도 하고, 권위자에게 인정받고 싶어서 애가 탔다. 그렇게 내면이 망가져갔다.

상처는 마음밭을 상하게 만든다. 내면이 점점 거칠어지고, 황무하게 되며, 작은 공격에도 쉽게 넘어진다. 하지만 상처를 받아서 내면이 망가지고, 쉽게 원수의 공격을 받아서 죄를 짓는 건 정상적인 상태가 아니다. 상처를 받았어도 믿음으로 극복하고 오히려 더 은혜가 풍성한 삶을 살 수 있다. 적어도 하나님을 믿는다면 그것이 정상이다.

마음전쟁에서 승리하자면 자신의 채워지지 않았던 욕구와 상처를 알고, 그 상처가 허용했던 전쟁들을 알아야 한다. 간단한 공격에도 쉽게 반응하고 무너지는 내면의 상처가 있다면 우리의 연약함을 아시는 예수님께 치유받을 필요가 있다. 예수님은 우리의 아픔과 연약함을 짊어지신다.

상처가 없는 내면은 안정감이 있고 견고하여 항상 하나님이 원하시는 반응을 할 수 있다. 상처가 치유되어야 하는 이유는 안정적인 내면을 유지하여 원수의 공격을 잘 막아내고, 하나님과 기쁘게 동행하는 삶을 살기 위한 것이다. 마음의 상처가 커져서 하나님의 뜻에 도저히 순종할 수 없고, 원수가 건드리기만 하면 바로 다른 사람들과 공동체를 파괴하는 사람들이 있다. 그런 사람이 지도자라면 문제는 더욱 심각해진다.

사울에게는 사람을 지나치게 의식하는 내면의 문제가 있었다. 그가 지도자가 아닐 때는 그것이 도드라지지 않았다. 심지어 겸손함으로 보이기도 했다. 왕으로 선발될 때 그는 그 자리에 있지 못하고 행구(行具)에 숨어 있었다고 한다. 사람들은 그가 겸손한 것으로 생각했지만 나중에 그는 하나님보다 사람들을 더욱 의식함으로써 하나님께 버림받았다.

사울이 아말렉 족속을 치고 나서 모든 것을 진멸하라는 하나님의 명령에 불순종했을 때 사무엘은 그가 더는 하나님께 쓰임받지 못할 것이라고 선포했다.

사울이 사무엘에게 이르되 내가 범죄하였나이다 내가 여호와의 명령과 당신의 말씀을 어긴 것은 내가 백성을 두려워하여 그들의 말을 청종하였음이니이다 삼상 15:24

좋은 소나 양을 남겨놓으라는 백성의 요구가 있었던 것 같다. 사울은 하나님의 명령보다 그들의 말을 더 마음에 두었다. 그는 자신의 왕위가 하나님께서 주신 게 아니라 사람들의 인정으로 된 줄 알았던 것이다. 사람들이 왕을 요구했지만 왕위를 주시는 분은 하나님이시다. 하나님의 명령에 불순종하여 그분과 관계가 어려운데 왕 노릇을 할 수는 없다.

> 사무엘이 가려고 돌아설 때에 사울이 그의 겉옷자락을 붙잡으매 찢어진지라 삼상 15:27

사울은 진정한 회개를 하지 않았다. 사람들을 더 의식했고, 자신의 왕위를 걱정했다. 만약 사울이 자신에게 있는 내면의 문제를 진지하게 보고 정직하게 하나님을 의지했다면 비록 실수가 있었다 할지라도 버림받지는 않았을 것이다. 그는 자신이 사람에게 인정받지 못한다고 생각하여 사무엘의 옷을 찢을 만큼 살벌한 사람이었다. 사무엘은 나중에 이렇게 말한다.

> 사무엘이 이르되 내가 어찌 갈 수 있으리이까 사울이 들으면 나를 죽이리이다 하니 여호와께서 이르시되 너는 암송아지를 끌고 가서 말하기를 내가 여호와께 제사를 드리러 왔다 하고 삼상 16:2

사울은 사무엘을 죽일 수도 있는 사람이 되었다. 왕이 되기 전에는 결코 드러나지 않았던 그의 격렬한 내면이 나타난 것이다. 자신도 그런 마음의 내용이 있는 줄 몰랐을 것이다.

격렬한 감정

교회 소그룹에서 식사를 할 때였다. 주문한 음식이 꽤 늦게 나왔다. 더군다나 본래 주문한 음식과 다른 음식이 나왔다. 한 형제가 조금 흥분한 상태였다. 형제는 종업원이 당연히 사과를 하고 그에 상응하는 어떤 조치를 취했어야 했는데 그의 대응이 겸손하지 못하다고 느낀 것 같다.

그 형제가 이런 부분에 대해서 격렬한 감정이 있는 것이 내게는 아주 익숙하다. 그것은 바로 나의 내면이기 때문이다. 자신의 실수를 겸손하게 인정하지 않는 사람을 향한 분노가 있다. 그동안 얼마나 자주 이런 일을 겪고 넘어지면서 여기까지 왔는지 말로 다 할 수 없을 정도다.

형제에게 설명했지만 그는 결코 그 상황을 자신의 훈련 상황이나 원수의 공격으로 받아들이지 않았다. 사실은 그가 겪고 있는 부부관계의 어려움도 이와 크게 다르지 않다. 아내의 실수와 욕심에 대한 분노가 그의 마음 안에 상처가 되어 조금만 그 부분이 건드려

지면 바로 관계가 어렵게 되었다.

우리의 마음 안에는 자신의 아픔과 문제를 그대로 드러내기 어려워하는 방어기제가 있다. 사실 자신의 아픔과 문제를 누군가 보려고 시도하면 상당한 위협을 느끼게 되어 대부분은 격렬한 저항을 하게 된다. 그러나 자신 안에 있는 내면의 문제를 명료하게 정리하지 않으면 늘 그 부분에 시달리면서 살게 된다.

대표적인 방어기제 가운데 하나가 '투사(投射)'이다. 나의 내면의 문제를 상대방의 문제라고 말하는 것이다. 사람이 자신을 방어하는 것은 당연하다. 자신을 불쾌한 감정과 상황으로부터 어떤 식으로든 방어하려는 것은 그가 사람이기 때문이다. 즉 자기 방어가 문제라기보다는 내면에 방어기제가 작동하여 자신의 진정한 문제를 모르게 함으로써 많은 갈등을 해결하지 못하는 게 문제이다. 원수는 사람이 스스로의 내면에 정직하지 못하게 함으로써 하나님과의 관계와 다른 사람과의 관계를 깨트린다.

사울은 사람들의 반응과 자신의 포지션에 민감한 사람이었다. 다윗은 그런 부분에 대한 민감함이 없었다. 그럼에도 사울은 살아 있는 내내 다윗과 적이 되었다. 다윗이 왕이 될 수 있기 때문에 그를 죽여야 한다고 생각했다.

다윗은 어떤 경우에도 사울을 해치면서 자신의 포지션을 가지려 하지 않았다. 심지어 그는 사울의 아들인 요나단과 후손을 돌보겠다는 약속을 했다. 사람들의 반응과 포지션에 대한 민감함은 전적으로 사울의 문제였다.

사울이 맹목적으로 다윗을 공격하기보다 자신의 내면을 알았다면 결과는 달라졌을 것이다. 하나님보다 사람들을 의식하고, 자신의 포지션에 더 민감한 자신을 알았다면 스스로 내면의 문제를 다루었을 것이다. 또한 자신의 내면을 다루지 못하게 하는 방어기제를 알고 스스로에게 정직했다면 사울은 자살이라는 비참한 최후를 맞지는 않았을 것이다.

공격받는 믿음

하나님은 욥의 믿음을 자랑하셨다. 그의 믿음은 자랑스러운 것이었지만 그만큼 공격도 있었다. 원수는 자신의 잘못된 시각으로 욥을 보며 그의 믿음에 대한 하나님의 시각에 동의하지 않았다. 자신의 시각을 가지고 문제에 대한 다른 관점을 전달하는 사람들이 원수에게 이용당하는 경우가 많다. 의심의 눈초리로 어떠한 권위도 인정하지 않고 뒤를 캐는 심정에서 나오는 무법한 소리들, 그것은 원수의 방법이다.

여호와께서 사탄에게 이르시되 네가 내 종 욥을 주의하여 보았느냐

그와 같이 온전하고 정직하여 하나님을 경외하며 악에서 떠난 자는 세상에 없느니라 욥 1:8

하나님을 경외하고 악에서 떠난 사람, 온전히 하나님만을 따르는 욥에 대한 하나님의 칭찬에 대해서 원수는 이렇게 말한다.

사탄이 여호와께 대답하여 이르되 욥이 어찌 까닭 없이 하나님을 경외하리이까 주께서 그와 그의 집과 그의 모든 소유물을 울타리로 두르심 때문이 아니니이까 주께서 그의 손으로 하는 바를 복되게 하사 그의 소유물이 땅에 넘치게 하셨음이니이다 이제 주의 손을 펴서 그의 모든 소유물을 치소서 그리하시면 틀림없이 주를 향하여 욕하지 않겠나이까 욥 1:9-11

욥이 하나님을 경외하고 믿음을 지키는 이유가 하나님께서 욥에게 축복하시기 때문이라는 것이 원수의 결론이다. 그러므로 욥에게 주어진 축복들이 사라지면 그는 주를 향하여 욕을 하게 될 것이라고 말한다.

어떤 상황에서나 하나님을 경외하는 믿음이 아니라 축복을 받는 상황 위에 있는 믿음이라는 것이다. 그러므로 축복이 없어지면 욥은 완전히 다른 사람이 되어 어제는 하나님을 경외했지만 오늘은

욕을 하게 될 것이라고 원수의 성격답게 말하고 있다.

정말 욥이 그렇게 될 것인가? 이미 결말을 알고 있기에 안심이 되기도 하지만 인생의 경험으로 볼 때 원수가 말하는 방식이 매우 현실적이라 한편으로는 낙담이 되기도 한다. 그러나 욥은 믿음을 지켰다.

이 모든 일에 욥이 범죄하지 아니하고 하나님을 향하여 원망하지 아니하니라 욥 1:22

하지만 그의 부인은 넘어졌다. 욥이 최악의 상황을 맞아 죽지 못해 살며 질병이 그의 몸을 괴롭힐 때 그녀가 말한다.

욥이 재 가운데 앉아서 질그릇 조각을 가져다가 몸을 긁고 있더니 그의 아내가 그에게 이르되 당신이 그래도 자기의 온전함을 굳게 지키느냐 하나님을 욕하고 죽으라 욥 2:8,9

'하나님을 욕하고 죽으라'라는 표현은 원수가 사용했던 말이다. 그것을 그대로 사용하는 욥의 부인은 원수가 주는 시험에 걸려들었다는 생각이 든다. 원수가 원하는 마음의 상태, 즉 하나님을 원망하면서 경외하지 않고 욕하는 상태가 된 것이다.

사실 욥의 부인을 이해하지 못하는 것은 아니다. 누구나 그런 상황이 되면 쉽지 않다. 자식이 죽고, 재산이 없어지고, 남편이 건강을 잃었다. 이 정도면 거의 모든 것이 없어졌다고 해야 한다. 친구들이 찾아와서 말하는 것을 보면 욥은 인심과 명예도 잃어버린 상태다. 원수가 심하게 공격을 하면 사람은 이런 상태에 빠지게 된다.

이런 공격이 없도록 기도하면 공격이 없어질까? 아니면 공격이 오기 전에 먼저 타격을 가하면 나를 지킬 수 있을까? 그렇지 않은 것 같다. 알아도 당해야 하는 것이 원수의 공격이다. 그래서 두려운 것이다. 예수님이 공격을 받으실 때, 자칭 유대인이라 하나 사실은 '사탄의 회'라는 그들의 공격에 대해서 예수님은 생명을 잃어버리심으로써 이기셨다. 공격을 받으면 죽어야 한다.

예기치 않은 공격들

삶에 원수의 공격이 없을 수 없고, 우리가 아무리 조심하고 선제적으로 기도해도 한번 공격이 시작되면 이유도 없고, 상식도 없는 상태가 된다. 그것은 내 상태 때문이 아니라 악한 원수가 제 마음대로 나쁜 짓을 하기 때문이다. 그럼에도 우리의 최종적인 무기는 악을 악으로 갚지 않고 선으로 하는 것이기에 공격이 시작되면 죽는 것 외에 별 방법이 없을 때가 많다.

주님이 다시 오실 때까지, 우리가 하나님나라에 갈 때까지 원수가 없을 수는 없다. 따라서 악한 원수가 믿음이 좋은 제자들에게 계속해서 악한 짓을 하는 것도 없어지지 않는다. 우리가 할 수 있는 일은 그때그때 주어진 상황에서 최선의 방어를 하고, 고난을 받으면서, 점점 예수님께 나아가는 것이다. 기도로 원수의 공격을 무력화시킬 수 있을 때가 있다. 그러나 고난을 받으면서 견뎌야 할 때도 있다.

믿음이 좋은 사람이라면 반드시 핍박을 받을 것이라고 성경은 말한다. 그리고 핍박이 올 때 즐거워해야 한다고 하신다. 하지만 난 아직 즐겁지 않다. 그것이 내 수준이다. 최근 나의 묵상은 '고난이 올 때 어떻게 즐거워할 수 있을까' 하는 것이다. 세상에 못 박힌 것을 알고 무념무상(無念無想)으로 세상을 대하며 상관없이 지나가면 세상은 나를 어떻게 하지 못한다. 그리고 나는 고난을 통해 예수님을 더 알고 닮아가는 것에 즐거워한다.

주의 뜻도 이루고, 고난도 없는 그런 삶은 없다. 주의 뜻을 이루자면 반드시 고난과 핍박이 있다. 그러나 낙심하면 안 된다. 나는 늘 기도했다. 정말 무서워서 기도했다. 믿음의 기도는 아니었지만 정말 급하고 강렬하게 주님께 매달렸다.

'제발, 제게 고난이 오는 것은 괜찮으니 자녀들에게만은 오지 않

도록 해주세요.'

어떠한 응답도 없었다.

'그래, 너는 힘들겠지만 네 수고로 자식들은 행복하고 고난이 없을 거다. 원수가 건드리지 못하게 해주마.'

이런 식의 응답을 기대했지만 아무 답도 오지 않았다. 그리고 자식들은 계속 시달렸다. 그래서인지 내 안에 피해의식 같은 것이 생겼다. 늘 무슨 일이든 일어날 수 있다고 생각하고 산다. 무언가 좋은 기대가 있을 때 어려운 일이 생길 것 같다. 행복한 기대로 들떠 있을 때 가장 어려운 일들이 생기곤 했기 때문이다.

선선한 날씨에 밝은 햇살, 행복한 음악과 맛있는 음식, 깨끗한 숙소가 나를 기다리고 있다고 생각하지 않는다. 나를 망하게 하려고 늘 주변을 맴돌고 있는 원수가 내가 방심하기를 기다리고 있는 듯하다. 그래서 항상 일이 안 될 때를 염두에 둔다. 누군가는 그래서 일이 안 된다고 말할 것이다.

하지만 누가 태어나면서부터 살기가 어렵고, 길에 나가서 쓰레기를 주워 먹고, 부모가 지켜주지 못하는 인생을 살고 싶겠는가! 자매와 교제한다고 끌려가서 얻어맞고, 결혼해서 아이를 낳아서 기르는 동안 어떤 가족도 찾아오지 않고, 심야에 아들이 아파서 이 병원 저 병원으로 다니는 것을 원해서 하는 사람이 과연 있을까….

예전 같으면 욥기 자체를 읽기 두려워하고 은혜도 못 받고 무서워만 했을 것이다. 그러나 살면서 고난이 없는 삶은 없고, 고난을 막는다고 될 일도 아님을 알게 되었다.

욥을 공격하기 위해 원수가 선택한 것은 재산을 없애는 것이었다. 그리고 바로 이어서 그의 자식들을 죽였다. 원수는 공격할 때 한꺼번에 하는 경향이 있다. 그래서 어려운 일이 줄줄이 터지곤 한다. 재산이 없어지는 과정은 세 번에 걸쳐 일어나는데 연이은 종들의 보고로 알게 된다. 아주 급박하게 흉한 소식들이 이어진다. 아마도 원수가 사람들의 기를 꺾고 싶은 듯하다. 그래서 정신을 바짝 차려야 한다.

재산을 잃었다는 종들의 보고가 끝나자마자 욥은 자식들의 죽음에 관한 소식을 듣게 된다. 그리고 자신의 건강마저 잃는다. 믿음이 좋던 아내가 어려운 일을 당하자 하나님을 욕하고 죽자고 한다. 그의 고난을 이해할 수 없다고 비난한다.

'네가 믿는 하나님이 너를 이렇게 만들었기 때문에 지난날의 네 가르침들은 다 틀린 것이다.'

가까운 친구들과 과거에 도움을 받았던 사람들도 그를 이해할 수 없다고 공격한다. 고통의 끝은 외로움이다.

원수의 최종적인 공격 포인트는 욥의 믿음이다. 원수는 눈에 보이지 않기 때문에 어디서 어떻게 공격하는지 잘 모른다. 그러나 믿음이 약해지고 어려운 현실이 크게 보이면 공격에 노출된 것임을 알아야 한다. 원수가 잘하는 것 중 하나가 내가 공격을 당해서 믿음이 없어지고 원수의 앞잡이 노릇을 하고 있다는 것을 모르게 한다는 사실이다. 원수가 나를 공격했다는 사실을 알기만 한다면 더는 이용당하지 않을 텐데….

스데반을 죽인 바울은 자신이 하나님의 뜻을 행하고 있다고 생각했다. 하지만 나중에 예수님께서 바울을 만나 그가 예수님을 핍박하고 있다고 알려주신다. 바울은 예수님을 만나기 전까지 그 사실을 알지 못했다. 믿음이 있고 은혜도 경험하지만 자기가 무슨 짓을 하고 있는지 모르는 사람들이 있다. 심지어 하나님의 뜻을 들먹이면서 원수의 앞잡이 노릇을 하고 있으면서도 말이다.

하나님의 뜻을 이루고자 한다면 전쟁이 있다는 것을 알아야 하고, 자신이 때로 그 전쟁에서 하나님 편에 서 있지 않다는 것도 깨달아야 한다. 원수가 욥의 믿음을 공격하고 있다는 사실을 알았더라면 그의 부인이나 친구들이 그렇게 행동하지는 않았을 것이다. 그들은 다 하나님을 아는 사람들이었다.

전쟁을 분별하여 아는 사람들이 공동체 안에 절실히 필요하다. 원수가 가장 많이 사용하는 무기 중 하나가 미혹이다. 많은 사람들이 자신의 욕심과 경험에 묶여 이 미혹에 속아 넘어간다. 욥이 믿음을 지키는 싸움 중에 있는 것이 아니라 하나님의 저주를 받은 것이며, 분명 그에게 어떤 죄가 있을 것이라고 생각하게 한다. 만약 욥이 이런 일을 겪으며 믿음을 잃어버린다면 원수는 승리하게 된다.

주변 사람들 혹은 상황이 어떠하든 이 전쟁은 욥의 전쟁이다. 때로 하나님도 가만히 계시는 것 같은 상황에서 사람들의 비난을 들으며 믿음을 지키고 싸우는 사람은 바로 욥 자신이다. 누구도 전쟁을 대신해줄 수 없다. 하나님을 섬기자면 전쟁을 각오해야 한다. 온갖 때를 묻히고, 욕을 먹고, 생명의 위협을 받고, 모든 것을 잃어버릴 각오를 해야 한다. 런던올림픽 유도 금메달리스트인 김재범 선수의 말처럼 죽기 아니면 살기로 싸우면 금메달을 따지 못한다. 죽기로 각오하고 싸워야 원수가 물러간다.

하나님이 살아계시는 한 우리는 죽지 않는다. 원수는 우리가 죽을까봐 무서워하는 것을 잘 알고 있기에 싸움은 늘 죽을지도 모르는 상황까지 간다. 모든 것을 잃어버릴 수 있는 상황에 가서야 우리의 믿음은 목숨을 건 믿음, 더는 원수가 건드리지 못하는 믿음이 된다.

하나님을 대적하여 믿음을 공격하는 원수를 미리 막을 수 있는 방법은 없다. 원수와 한편이 되지 않는 한, 경건하게 살고자 한다면 반드시 공격을 받게 된다.

　예수님을 믿으면서 평생 안정되게 살고 제대로 된 공격을 한 번도 당하지 않은 사람들이 마치 인생을 잘 산 것인 양 말할 때가 있다. 하나님을 위해 살기 때문에 공격을 받는 것인데 마치 전쟁이 없는 자신이 잘 살고 있고, 전쟁을 치르며 수고하는 사람은 믿음에 문제가 있는 것처럼 말한다. 이는 옳고 그름이 뒤집힌 것이다.

　예수님과 베드로와 바울을 보라. 도대체 누가 전쟁 없이 편하게 살다 갔단 말인가! 전쟁이 없는 삶이 아니라, 전쟁을 치르고 수고하는 삶이 온전한 삶이다.

　그러므로 예수도 자기 피로써 백성을 거룩하게 하려고 성문 밖에서 고난을 받으셨느니라 그런즉 우리도 그의 치욕을 짊어지고 영문 밖으로 그에게 나아가자 우리가 여기에는 영구한 도성이 없으므로 장차 올 것을 찾나니 히 13:12-14

　사실 영적전쟁도, 고난도 없는 삶은 창피한 삶이다. 예수님과 상관없는 삶일 수 있기 때문이다. 히브리서 기자도 우리가 예수님의 치욕을 짊어지고, 그분이 고난을 받고 전쟁을 치르고 계신 곳으로 나아가야 한다고 말한다.

자책과 자기연민을 버리라

사탄이 여호와께 대답하여 이르되 욥이 어찌 까닭 없이 하나님을 경외하리이까 욥 1:9

욥이 일으킨 전쟁이 아니다. 하나님께서도 전쟁을 일으키시지 않았다. 원수가 욥의 믿음을 의심하고, 자신의 생각이 옳다는 것을 증명하기 위해 일으킨 것이다. 욥을 공격하여 소유물이 사라지게 만들었을 때 그가 원수의 생각대로 하나님을 향해 원망하면 원수는 승리하게 되는 것이다. 정말로 전쟁은 쓸데없는 일이다.

그런데 왜 전쟁이 있어야 한단 말인가? 이것은 마치 평화로운 마을에 폭력배가 있는 것과 같다. 본래는 없어야 하는 것이다. 폭력배가 없다고 어떤 이익이 생기는 것도 아니지만 일단 그들과 가까이 살면 모든 생활은 고통 속으로 들어간다. 감옥에 가는 것, 자신의 인생이 망가지는 것을 두려워하지 않고, 오직 남을 해하기만 하는 폭력배와 평생 이웃으로 살아야 하는 것이 전쟁이다. 이 무법한 자를 떨쳐내기 위해서는 마음을 굳게 먹어야 한다.

이때 자책은 절대 금물이다. 전쟁은 결코 내 탓이 아니다. 내가 무언가 잘못해서 생긴 일이 아니다. 절대적으로 원수가 악해서 생긴 것이다. 물론 다윗처럼 밧세바와 죄를 지어서 원수에게 기회를 줄 수 있다. 원수는 사람이 지은 죄를 이용하여 훨씬 큰 고통을 준다. 단순히 죄를 해결하는 게 아니라 평생 꼬이고 구부러진 삶을 살 수도 있다. 그렇다 할지라도 원수가 우리에게 그렇게 할 권리는 없다.

원수는 아무런 이유도 없이 무법하게 사람의 죄를 자신의 세력을 확장하는 기회로 삼는다. 그러므로 설사 죄를 지었다 할지라도 자책하는 것은 원수의 밥이 되는 길이다. 자책으로는 죄에서 벗어날 수도, 원수를 물리칠 수도, 하나님의 용서를 받을 수도 없다. 더군다나 욥처럼 죄를 짓지도 않았는데 전쟁에 휘말릴 때는 단지 억울한 것이지 자신의 잘못이 있어서가 아님을 정확하게 알고 있어야 한다.

원수가 전쟁을 일으키면서 가장 많이 사용하는 속임이 바로 이것이다. 전쟁의 원인이 원수에게 있는 게 아니라 전쟁의 피해를 겪고 있는 사람에게 있다고 믿게 만든다. 욥이 자신의 인생을 저주한 것처럼 자신의 인생이 불행하다고 생각하게 하고 스스로 무너지게 하는 것이다.

전쟁에 빠진 자신의 인생이 슬퍼지면 지는 것이다. 한번 자기연민에 빠지면 바로 원수가 옆에 붙어서 무슨 짓이든 할 수 있는 통로가 생기기 때문이다. 이미 전쟁을 할 의사를 상실하여 자신의 삶을 마음으로부터 망가뜨리고 스스로 무너지는 사람을 원수가 얼마나 우습게 알겠는가!

차라리 남을 탓하기라도 한다면 삶을 향한 의지가 있다고 볼 수 있다. 그러나 욥처럼 모든 것을 잃었는데 그것이 자신 탓이라고 생각한다면 삶은 바로 무너진다. 악한 사람들은 어떤 악한 일을 해도 자신의 탓이라고 생각하지 않는다. 반면에 선량한 사람들은 삶에 어려운 일이 생기면 그것이 자신 때문이라고 자책하며 인생을 포기한다. 혹여 자신의 실수로 일이 잘못되었다 할지라도 자책은 전혀 도움이 되지 않는다. 자책하지 말고 회개하자.

만약 다윗이 자책하는 사람이었다면 왕위를 계속 유지하지 못했거나 중심을 잃고 폭군이 되었을 것이다. 그는 자신의 실수를 인정하고 많이 울고 회개했다. 자식도 자신의 죄 때문에 죽게 만들었다. 압살롬의 반란이 자신의 죄 때문이라는 것을 알고 있었다.

다윗은 밤에 죄를 지었지만, 대낮에 아들이 자신들의 후궁을 향해 죄 짓는 것을 경험케 되리라는 예언이 이미 나단 선지자를 통해 있었다. 이 모든 일은 당연히 다윗 때문이다. 그럼 이때 다윗의 죄를 틈타 원수가 기회를 갖는 것이 정당한가? 전혀 아니다. 다윗이 죄를 지었으면 다윗이 징계를 받고 용서를 받으면 되지 왜 압살롬으로 하여금 반란을 일으키게 하고 나라를 전쟁에 휩쓸리게 한단 말인가! 물론 압살롬의 반란은 압살롬의 책임이다. 그러나 그런 모든 일을 꾸미고 조종하는 것은 악한 원수다.

일을 크게 만드는 원수를 향해 우리는 단 한 점의 동정도 허락해서는 안 된다. 아주 싸늘하게 무시하고 대적해야 한다. 사람이 져야 할 책임은 사람이 져야 하고, 원수가 져야 할 책임은 원수가 지도록 해야 한다. 아담과 하와를 유혹했던 뱀은 정당한 심판을 받았다. 하나님의 심판대 앞에 원수를 세워서 심판을 받게 만들어야 한다.

원수는 전쟁이 자신 때문이 아니라 전쟁의 피해를 겪고 있는, 원수에게 괴롭힘을 받고 있는 피해 당사자 때문이라고 책임을 전가한다. 악한 원수의 고질적 특성이다. 잘 기억해두었다가 이런 상황이 오면 바로 알 수 있어야 한다. 또한 원수는 실수한 사람의 실수보다 더 큰 문제를 만들어서 당사자뿐 아니라 주변인들까지 곤경에 빠지도록 만든다. 실수가 있었다는 사실보다 그 실수를 이용하는 원수의 공격이 문제다.

로이드 존스 목사님이 《부흥》이라는 책에서 세계대전이 일어난 이유에 대해 말씀하신 것을 읽었다. 존경할 만한 목사님들의 설교에서 한국전쟁의 원인이 교회의 신사참배 때문이라고 하는 것을 들은 적이 있다. 전에는 이런 이유들이 정확한 근거가 없는 것이라고 생각했다. 그러나 우리의 실수에 대해서 원수가 기회를 갖는다는 것을 생각하면 전혀 근거가 없지는 않은 것 같다.

거짓에 속지말라

'전쟁을 누가 일으켰는가' 하는 것이 왜 중요한가? 법정에서 시비를 가리자면 문제의 책임이 누구에게 있는가 혹은 누구에게 더 큰 책임이 있는가에 따라서 재판이 결정된다. 원수를 심판 받게 하는 근거는 전쟁의 원인이 원수에게 있다는 것을 명확하게 하는 것이다. 원수에게 더 큰 책임이 있으므로 원수가 자신이 일으킨 문제에 대해서 책임을 져야 한다는 것을 우리는 알고 선포할 필요가 있다.

재판장이신 하나님께서 이 모든 사실을 알고 계신다. 원수로 하여금 자신의 죄에 대한 책임을 지게 만들어야 한다. 우리가 제대로만 대응한다면 모든 상황에서 원수는 심판을 피할 수 없다.

전쟁의 원인에 대하여 자책하는 것도 문제가 되지만 욥의 부인처럼 하나님 때문에 전쟁이 일어났다고 생각하여 하나님 경외함을 잃어버리는 것도 문제다. 그것이야말로 원수가 노리는 것이다.

삶에 고통이 찾아오고, 내가 누리던 것들이 순식간에 사라지고 남은 것이 없을 때 하나님을 무서워하거나 원망하게 된다. 이런 원수의 속임에 넘어가면 안 된다. 우리가 하나님을 믿고 경외하는 것이 우리에게 주어진 것들 때문이라는 원수의 의심이 진실이 되게 해서는 안 된다.

원수는 두 가지 거짓말을 한꺼번에 하고 있다. 먼저 하나님을 향하여는 욥의 믿음이 하나님께서 생각하시는 것처럼 조건 없는 순전한 믿음이 아니라는 것이다. 하나님은 욥의 조건 없는 믿음을 기뻐하시고 자랑하셨는데, 원수는 그가 소유물 때문에 하나님을 경외한다고 거짓말을 한다. 이 악한 원수는 사람에게 와서는 이렇게 거짓을 말한다.

'네가 잘못한 것도 없는데 왜 이런 고난을 겪어야 하느냐? 아무래도 네가 믿는 하나님은 너를 잘되게 해주시는 분이 아닌 것 같다.'

삶의 상황이 좋지 못한 것을 통해 사람의 마음을 상하게 만든 후 '그러니까 너는 믿음을 버려야 한다'라고 부추긴다. 정말 악하다. '성동격서(聲東擊西)'는 동쪽을 소란스럽게 만들어서 서쪽을 친다는 고사성어이다. 원수의 대표적 전략 중 하나이다. 삶을 소란스럽게 만들어서 믿음을 버리게 만드는 것이다.

인생이 잘되고 문제가 없어야 잘 믿는 것이라는 생각을 바꾸어야 한다. 이것은 일이 풀리지 않고, 고난이 오면 믿음을 버리겠다는 것이기 때문이다. 원수는 그 점을 노리고 있다. 절대 속으면 안 된다. '믿으면 다 잘된다'라는 것도 원수가 파놓은 함정이다. 사실은 잘 믿기 때문에 고난이 온다.

믿음이 약하여 원수에게 끌려다니면서 죄를 짓든가 아니면 믿음이 좋아서 고난을 겪든가 둘 중 하나이다. 중간은 없다.

모든 사람이 너희를 칭찬하면 화가 있도다 그들의 조상들이 거짓 선지자들에게 이와 같이 하였느니라 눅 6:26

원수와 원수에게 이용당하는 사람들에게는 고난을 받고, 하나님께는 칭찬을 듣는 것이 정상적인 삶이다. 모든 사람이 칭찬한다면 원수에게도 칭찬을 받고 있다는 말인가? 원수에게 칭찬을 듣거나 원수가 건드리지 않는 사람은 좋은 사람이 아니다. 악한 사람이다. 하나님께는 상을 받고 원수와는 끝까지 싸워야 한다.

전쟁을 시작하는 것은 원수이지만 전쟁을 승리로 끝내는 것은 우리 하나님이시다. 전쟁은 명확하게 승패가 나야 끝난다. 우리의 믿음이 증명되고, 원수가 틀렸다는 것이 명확해지면 원수에 대한 하나님의 심판으로 전쟁은 끝난다.

삶이 어렵다고 상처받는 게 당연한 건 아니다. 미움받는 것에 마음을 빼앗기면 기뻐할 수 없다. 전쟁을 치르면서 믿음으로 사는 방법을 배우게 된다. 가족을 사랑하고 원수를 대적하라. 원수의 공격이 우리를 더 강하고 행복하게 한다.

Chapter 04

마음의
회복

아름다운 선택

생존을 위한 욕구는 나쁜 게 아니다. 어떻게 보면 인간의 가장 기본적인 조건이다. 생존의 욕구가 해결되지 않을 때 사람은 깊은 상처를 받는다. 그럴 때 인간성이 파괴되어 전혀 다른 사람이 된다. 아무리 믿음이 있고 당당한 사람이라도 피해의식으로 내면이 파괴되는 상처를 극복하기는 쉽지 않다.

사사들이 치리하던 때에 그 땅에 흉년이 드니라 유다 베들레헴에 한 사람이 그의 아내와 두 아들을 데리고 모압 지방에 가서 거류하였는데

룻 1:1

나오미네 식구들은 본래 베들레헴에 살고 있었다. 남편 엘리멜렉과 두 아들인 말론과 기룐, 이 네 식구가 모압으로 이주해갔다. 이방인의 땅 더군다나 우상을 섬기는 그곳에 그들이 간 이유는 흉년 때문이었다. 먹고살기 힘들어서 새로운 기회를 얻기 위해 간 것이다. 하지만 그들의 결정은 그리 좋은 결과를 가져다주지 못했다.

나오미의 남편 엘리멜렉이 죽고 나오미와 그의 두 아들이 남았으며 룻 1:3

단지 살기 위해 모압으로 갔는데 남편이 먼저 죽었다. 인생에서 겪을 수 있는 가장 큰 스트레스가 '배우자의 사망'이라고 한다. 나오미의 인생은 점점 더 어려워진다. 왜냐하면 아직 불행이 끝난 것이 아니었기 때문이다. 남편을 잃은 나오미는 두 아들을 결혼시켰다. 모압 여자들을 며느리로 맞아들였다. 남편을 잃고 잠깐 아들들과 며느리들로 말미암아 위로를 받을 즈음 두 아들도 죽고 만다.

말론과 기룐 두 사람이 다 죽고 그 여인은 두 아들과 남편의 뒤에 남았더라 룻 1:5

시어머니 나오미와 두 며느리, 이렇게 홀로 된 세 여자가 남게 되었다. 어쩌다 남편과 젊은 아들들을 먼저 보내게 되었단 말인가. 말로 할 수 없는 어려움을 겪은 그녀는 깊은 상처를 받는다. 풍족하고 부러울 것이 없던 시절은 사라지고, 홀로 남아 젊은 며느리들을 책임지고 살아가야 한다. 그것도 이방인 며느리들을….

나오미가 그들에게 이르되 나를 나오미라 부르지 말고 나를 마라라 부르라 이는 전능자가 나를 심히 괴롭게 하셨음이니라 내가 풍족하게 나갔더니 여호와께서 내게 비어 돌아오게 하셨느니라 여호와께서 나를 징벌하셨고 전능자가 나를 괴롭게 하셨거늘 너희가 어찌 나를 나오미라 부르느냐 하니라 룻 1:20,21

나오미는 상처를 받아서 자신의 이름을 마라, 즉 '괴로움'이라 바꾸었다. 그녀는 단지 흉년을 피해 조금 더 안정되게 살고, 남편과 아들들과 단란한 가정을 이루고 싶었을 뿐이다. 그런데 모든 것이 사라졌다. 나오미는 고향으로 돌아가기로 결정한다. 하나님께서 자신을 치셨다는 자의식을 가지고 있음에도 하나님의 뜻이 있는 고향으로 돌아가기로 결정한 것은 정말 잘한 일이었다.

상처는 욕심을 이루기 위해 하나님을 떠났을 때 받는다. 상처를 극복하자면 가장 먼저 하나님께로 돌아가서 그분의 품에 내 마음을 두어야 한다.

고향으로 돌아가기로 결정한 빈손의 나오미는 며느리들도 각자의 고향으로 가도록 권면했다. 며느리 중 한 명인 오르바는 자신의 고향으로 돌아갔으나, 룻은 시어머니와 같이 가겠다고 한다.

룻이 이르되 내게 어머니를 떠나며 어머니를 따르지 말고 돌아가라 강권하지 마옵소서 어머니께서 가시는 곳에 나도 가고 어머니께서 머무시는 곳에서 나도 머물겠나이다 어머니의 백성이 나의 백성이 되고 어머니의 하나님이 나의 하나님이 되시리니 어머니께서 죽으시는 곳에서 나도 죽어 거기 묻힐 것이라 만일 내가 죽는 일 외에 어머니를 떠나면 여호와께서 내게 벌을 내리시고 더 내리시기를 원하나이다 하는지라 룻 1:16,17

사람이 가장 사람답고 아름다운 순간은 자신의 욕심을 버리고 죽기로 결정할 때가 아닌가 싶다. 하나님께서 만드신 사람의 본래 모습, 예수님을 닮은 모습이다. 침몰하는 배에서 자신을 죽여 연약한 사람을 건지는 훈련된 선원들처럼, 자식을 살리기 위해 자신을 버리는 어머니들처럼.

룻은 죽음이 아니면 자신을 떼어놓을 수 없다고 고백하고, 시어머니에 대한 의리와 충성과 사랑을 다짐한다. 하나님께서는 젊어서 홀로 된 처량한 과부의 이 고백을 듣고 계셨을 것이다. 아무도 관심을 갖지 않는 홀로 된 두 여인이 함께 부둥켜안고 믿음으로 하나된 진실한 시간을 보냈을 것이다. 사람들은 모를 것이다. 그들이 하나님과 어떤 시간을 보냈는지….

상처를 넘다

나오미는 고향으로 돌아왔지만, 룻은 아무것도 없는 타향으로 믿음을 따라갔다. 믿음을 따라 죽을 각오를 하고 하나님을 선택했지만, 그녀를 기다리고 있는 것은 극심한 궁핍이었다.

> 모압 여인 룻이 나오미에게 이르되 원하건대 내가 밭으로 가서 내가 누구에게 은혜를 입으면 그를 따라서 이삭을 줍겠나이다 하니 나오미가 그에게 이르되 내 딸아 갈지어다 하매 룻 2:2

추수하고 밭에 떨어진 이삭을 줍는 것은 가장 가난한 사람들이 하는 일이었다. 한때 풍족한 집안의 며느리였던 룻이 이제는 남의 밭에서 눈치를 보며 이삭을 주워야 하는 처지가 되었다. 남자에게도 힘든 일이지만 이것은 여성의 특성상 정말 힘든 일이다. 룻은 아주 민망하고 난감한 상황에 빠졌다.

여자들에게 자신이 원하는 가정과 삶의 스타일은 목숨을 걸만큼 중요하다. 아무리 어린 자매라도 자신의 인생에 대한 기대가 있다. 룻의 인생에 이삭을 줍는 것은 없었다. 이 정도가 되면 보통의 여자들에게는 우울증이 생긴다. 망가진 삶에 대한 깊은 고통은 정신을 황폐하게 만든다. 살던 집이 조금만 좁아져도 마음이 어려운데, 하루의 끼니를 위해 남의 밭에서 이삭을 줍는 삶이라니!

은혜가 있어야 이삭도 주울 수 있다. 룻에게 믿음이 있었고, 그 믿음을 보시고 긍휼히 여기시는 하나님의 보호와 은혜가 있었기에 이삭을 주우면서도 그녀의 내면이 망가지지 않을 수 있었다. 가장 기본적인 생존과 보호의 욕구가 채워지지 않고, 심지어 남들 보기에 창피한 일에 나서야 함에도 룻이 상처를 받지 않았던 또 하나의 비결이 있다. 그녀는 자신의 욕구보다도 시어머니를 사랑하고, 하나님을 신뢰하는 믿음이 있었다.

삶이 어렵다고 해서 상처받는 게 당연한 건 아니다. 어려울 때 오히려 더욱 강한 믿음의 사람이 되어 삶을 극복할 수도 있다. 상처받는 것을 당연하게 여기지 말고, 고통스러운 상황을 믿음으로 극복하는 것을 당연하다고 생각해야 한다.

룻은 평생 맛보고 싶지 않은 비참한 상황에 빠졌지만 상처받지 않고, 자기연민에 빠지지 않고, 담담하게 밭에서 이삭을 주웠다.

룻이 가서 베는 자를 따라 밭에서 이삭을 줍는데 우연히 엘리멜렉의

친족 보아스에게 속한 밭에 이르렀더라 룻 2:3

그 밭은 보아스의 밭이었다. 보아스는 성경에서 이삭 다음 가는 훈남 중의 훈남이며 모든 여성들의 로망이다. 집안 좋고, 재산 많고, 성품 착하고, 믿음까지 좋은…. 룻에게 있어 보아스는 최고의 선물이었다.

룻은 보아스와 결혼을 하고, 아들을 낳고, 집안을 일으키고, 행복한 삶을 회복한다. 믿음으로 역경과 상처의 극복은 가능하다. 룻만 이렇게 산 것이 아니다. 성경에 나오는 요셉, 모세, 다윗, 다니엘 등 셀 수 없이 많은 사람들이 그렇게 살았다.

내면의 질서 세우기

어떤 상황에 대해 자신의 마음이 불편할 때 그냥 넘어가지 말아야 한다. 자신의 내면을 질서 있게 가꾸지 않는 사람은 게으른 사람이다. 성경은 게으른 자에 대해 이렇게 말한다.

게으른 자는 사리에 맞게 대답하는 사람 일곱보다 자기를 지혜롭게 여기느니라 잠 26:16

한마디로 말하자면 자기보다 더 지혜가 있는 사람이 없다고 말하는 사람이다. 게으른 자신의 내면의 상태에서 나오는 말들에 대해 무책임하게 돌아보지 않는 사람과는 아무것도 할 수 없다. 부지런할 필요가 있다. '부지런하다'의 영적인 의미는 자신의 내면에 생기는 문제들에 대해서 하나님 앞에서 열심히 다루어간다는 것이다. 내면을 다루는 데 도움이 되는 몇 가지 방법이 있다.

1. 성령님께 묻고 점검하라

성령께서는 우리의 속사람을 강건하게 하시며 연약함을 도우신다. 그러므로 무엇보다 우선 내면의 연약함에 대해서 수시로 성령께 묻고 자신의 반응을 점검하는 삶을 살아야 한다. 성령 하나님보다 나 자신을 더 잘 아시는 분은 없다. 항상 묻고 자신의 내면을 객관적으로 보고자 해야 한다. 내면에 그런 시스템이 작동되고 있다면 안심할 수 있다.

사람의 신실함은 별것이 아니다. 누구든지 불리하면 자기에게 이로운 쪽으로 생각하고 행동한다. 절대로 인간세상에서 객관적인 의로움이란 없다. 모든 사람이 자신에게 손해가 나지 않는 쪽으로 생각하고 움직이기 마련이다. 오직 이익만이 객관적이다. 혹 손해가 나더라도 객관적인 자세를 유지하는 사람은 극히 소수다. 의미 있는 숫자가 아니다. 아무런 힘도 없다.

하나님 한 분만이 언제나 의로우시고 객관적이실 수 있다. 그러므로 하나님을 의지해야 실망하지 않는다. 신실하신 하나님을 의지하는 사람의 신실함은 신뢰할 수 있다. 어떤 사람이 자신의 내면을 신뢰하지 않고 자신의 한계를 인정하고, 신실하신 하나님 앞에서 부지런히 자신의 내면을 정리하고 있다면 그는 신뢰할 수 있다.

그는 진리의 영이라 세상은 능히 그를 받지 못하나니 이는 그를 보지도 못하고 알지도 못함이라 그러나 너희는 그를 아나니 그는 너희와 함께 거하심이요 또 너희 속에 계시겠음이라 요 14:17

이와 같이 성령도 우리의 연약함을 도우시나니 우리는 마땅히 기도할 바를 알지 못하나 오직 성령이 말할 수 없는 탄식으로 우리를 위하여 친히 간구하시느니라 롬 8:26

그가 또한 우리에게 인치시고 보증으로 우리 마음에 성령을 주셨느니라 고후 1:22

성령께서 우리 안에 거하시면서 우리의 마음을 새롭게 하시기 위해 기도하고 돕고 계신다. 우리가 조금만 신경을 쓰고 기도한다면 원인을 알게 되고 이해하게 된다. 내면의 문제가 느껴질 때마다 성령 하나님께 기도를 통해 물어보고 기다려야 한다. 그리고 깨달음이 있으면 마음을 새롭게 해야 한다. 항상 묻고 기다리는 습관을 가져야 한다. 그러면 우리의 내면을 아시는 성령께서 반드시 깨닫게 하신다.

2. 먼저 훈련을 통과한 사람들의 도움을 받아라

훈련을 앞서 받은 사람에게 찾아가서 자신의 내면을 고백하고 도움을 받을 필요가 있다. 자신의 문제를 해결하겠다는 태도로 사람을 찾으면 사람을 의지하게 된다. 그리고 사람이 도울 수 없는 영역까지도 도와달라고 함으로써 관계가 깨질 수 있다. 사람이 할 수 있는 것은 문제를 해결하는 것이 아니라, 스스로 문제를 보도록 돕는 것이다.

특별히 복잡한 속사람, 사람의 마음을 다루는 능력은 오직 하나님의 영역에 속한 것이다. 문제를 해결하기 위해 사람을 찾지 말고 방법을 찾는데 도움을 구하기 위해 찾아야 한다. 훈련은 스스로 하는 것이다. 사람을 의지하지 않고, 하나님께 도움을 구하면서 자신의 내면을 정리하고 강건하게 하고자 할 때 반드시 성령께서 좋은 책과 사람들을 붙여주신다.

3. 은혜가 있다면 간증하라

자신의 내면의 어두움에 대해서 사람들 앞에서 은혜가 있다면 간증을 하는 것도 좋은 방법이다. 내면의 문제를 사람들과 공유할 때 사람들이 무시하는 게 아니라 오히려 인정하고 지지하는 것을 느낄 수 있다. 하지만 하나됨이 없는 공동체라면 조심해야 한다. 그러나 은혜가 있고 서로 돌보는 것이 조금이라도 있다면 감당할 수 있을 만큼 자신을 보여주는 것도 좋은 방법이다.

기뻐하지 못하는 이유

욥이 하나님을 경외하고 신뢰했다는 이유만으로 원수의 공격을 받은 것처럼 우리도 예수님을 믿을 때 아무런 이유 없이 공격받을 수 있다. 원수는 없는 이유를 만들어서라도 우리를 공격한다.

요한복음에서 예수님은 세상은 이유 없이 예수님을 미워할 것이라는 말씀이 응한 것이라고 가르쳐주신다(요 15:25). 그렇게 미움받을 때 예수님은 우리에게 기뻐하라고 말씀하신다. 미움을 받는 것이 억울해서 잠이 오지 않을 지경인데 예수님은 그런 상황이 오면 기뻐하고 심지어는 뛰면서 놀아야 한다고 말씀하신다. 나는 늘 이 점이 궁금했다.

'어떻게 기뻐할 수 있을까? 그런 상황에서 기뻐한다는 것은 어

떤 의미일까? 왜 나는 기뻐할 수 없을까?'

인자로 말미암아 사람들이 너희를 미워하며 멀리하고 욕하고 너희 이름을 악하다 하여 버릴 때에는 너희에게 복이 있도다 그날에 기뻐하고 뛰놀라 하늘에서 너희 상이 큼이라 그들의 조상들이 선지자들에게 이와 같이 하였느니라 눅 6:22,23

미움받는 것에 마음을 빼앗기면 기뻐할 수 없다. 아니, 애초에 미움받을 일을 하지 않으면 괴로울 일도 없을 것이다. 세상과 한편이 되면 미움을 받지 않는다. 세상의 신에게 굴복하면 세상이 나를 미워하지 않는다. 그런 상황에 대해 예수님은 이렇게 말씀하신다.

모든 사람이 너희를 칭찬하면 화가 있도다 그들의 조상들이 거짓 선지자들에게 이와 같이 하였느니라 눅 6:26

분명히 예수님은 모든 사람에게 칭찬을 받는 사람은 거짓 선지자라고 말씀하신다. 세상의 사랑을 받으려는 생각, 모든 사람들에게 칭찬을 받으려는 태도는 예수님이 우리에게 가르쳐주신 길이 아니다. 그렇다고 일부러 적을 만들고, 미움을 받을 필요는 없다. 그러나 예수님을 신실하게 따라갈 때 반드시 공격을 받을 수밖에 없다. 그것은 우리가 섬기는 아버지가 그들의 아버지와 다르기 때문이다.

너희는 너희 아비 마귀에게서 났으니 너희 아비의 욕심대로 너희도 행하고자 하느니라 그는 처음부터 살인한 자요 진리가 그 속에 없으므로 진리에 서지 못하고 거짓을 말할 때마다 제 것으로 말하나니 이는 그가 거짓말쟁이요 거짓의 아비가 되었음이라 요 8:44

원수에게 속한 자들이 우리를 미워할 때 두려워할 필요가 없다. 세상의 미움을 두려워하면 반드시 원수의 계략에 말려들고 만다. 예수님을 신실하게 따르기 위해 고난을 겪고 미움을 받을 때마다 우리를 향한 예수님의 사랑과 보호는 그 어느 때보다도 클 것이다. 한창 어렵고 고난의 한가운데를 통과할 때는 느끼지 못할 수 있지만 예수님은 아주 가까이 우리 곁에 계신다.

원수의 모든 공격이 끝나고 믿음을 지켰을 때 오는 하나님의 위로와 격려와 보상은 말로 할 수 없는 성취감을 준다. 미움을 받지 않은 사람은 하늘의 상을 받을 것이 없다. 무엇보다 큰 상은 미움을 받음으로써 예수님과 한편이라는 분명한 표시를 갖게 되는 것이다. 악한 원수에게 속한 자들에게는 미움을 받고, 하늘에 속한 자들에게는 사랑을 받는 것이 진정한 예수님의 사람이라는 표시가 아닌가 싶다.

모든 고난이 지난 후 어려운 시간에 하나님께서 주셨던 상과 관계의 친밀함은 삶의 자양분이 된다. 하늘에서 주신 상과 하나님이 인정해주시는 친밀한 관계에서 모든 좋은 것들이 주어진다. 승리 후에는 반드시 상이 있다는 것을 안다면 기뻐할 수 있다. 하나님의 사랑을 받고 있다는 이유로 원수가 미워한다면 우리는 결코 망하지 않는다.

원수는 어디나, 언제나 있다. 타협을 하면 상이 없고, 하나님께서 주시는 친밀함도 없다. 상도 친밀함도 없는 삶들이 있다. 분명히 그들은 전쟁을 피했다. 상을 받고 친밀함을 누리는 사람을 부러워만 하지 말고 전쟁을 하라!

승리를 위한 대응 방법

1. 전쟁의 시작

사람에게 가장 소중한 것들에서 전쟁은 쉬지 않고 일어난다. 아무런 전쟁도 없이 재산이 늘어나고, 자녀들이 잘 자라고, 건강하며, 부부가 서로 사랑한다면 좋을 것이다. 인간의 삶에서는 이런 것들이 가장 중요한 행복의 조건들이기 때문이다. 문제는 원수도 그 점을 알고 있다는 것이다. 우리가 피한다고 또는 생각하지 않는다고 원수가 가만히 있는 것이 아니다.

우리가 소중히 여기는 것을 건드려야 우리가 괴롭다는 것 정도는 원수도 알고 있다. 내가 가장 소중히 여기는 것을 건드려 내 믿음을 무너뜨리고 삶이 망가지도록 하는 것이다. 그러면 소중한 것들이 애초에 없어야 하는가? 혹은 그것들을 소중하지 않게 여겨야 할 것인가? 그렇지 않다. 삶의 소중한 것들에 대해서 강한 믿음을 가져야 한다.

하지만 믿음이 생기기 전까지는 원수의 공격에 시달릴 것이고, 자유롭지 못할 것이다. 공격을 받는 내 삶의 소중한 영역들에 대해서 원수가 어떻게 할 수 없다는 강한 믿음이 생겨야 비로소 평안할 수 있다.

내 경우는 삶의 중요한 순간마다 아들이 아팠다. 그래서 아들 때문에 늘 불안하고 마음이 쉬지 못했다. 잘 구분이 되지 않았다. 아들 때문에 불안해하는 것인지 아니면 원수가 공격하는 것인지. 물론 둘 다일 것이다. 그러나 원수가 공격한다는 것을 정확하게 알아야 믿음으로 대처할 수 있다. 아들 때문에 불안함을 느끼는 정도로는 삶이 무너질 만큼 낙담되지 않는다. 원수의 공격이 있어야 낙담이 되고, 믿음이 사라지고, 삶의 고통이 내 영혼을 덮치는 일이 일어난다.

내가 소중히 여기는 것들에 대해 끊임없이 공격을 받고 전쟁을 치르면서 믿음으로 사는 방법을 배우게 된다. 소중한 것들에 대해서 아무 일도 일어나지 않기를 바라지 말라. 전쟁에서 승리하여 믿음으로 견고한 평강이 오도록 훈련해야 한다.

2. 전쟁을 치르는 당사자

전쟁을 치르는 사람은 하나님의 사랑을 받는 믿음의 사람이다. 전쟁이 일어나도록 원인을 제공한 사람이 전쟁을 치르는 것이 아니다. 욥의 경우에도 그가 믿음으로 전쟁을 치렀지, 그의 가족들이 치르지 않았다. 악한 원수의 공격에 대해서 믿음의 사람인 욥이 공격을 당한 가족들을 돌보면서 전쟁을 승리로 이끌어간다.

가정에서 전쟁을 치르는 믿음의 사람, 전쟁의 진정한 당사자가 전쟁을 효과적으로 저지하지 못하면 그는 물론 가족 모두가 고통을 겪게 된다. 전쟁의 당사자가 믿음을 가지고 가정 안에서 예수님의 성품과 능력의 통로가 되어야 승리할 수가 있다.

전쟁을 치르는 사람은 항상 분리해서 생각을 해야 한다. 원수가 공격하는 통로가 되었던 사람—보통 내게 중요한 가족이 될 것이다—이나 문제, 그런 문제를 일으키고 있는 원수의 움직임에 대해서 분리해서 대응하는 것이다.

전쟁으로 고통을 겪고 있는 가족들을 향하여는 성령의 열매와 은사를 통하여 섬겨야 한다. 사랑, 희락, 화평, 오래 참음, 자비, 양선, 충성, 온유, 절제와 같은 열매들이 가정 안에 가득하도록 해야 한다. 이것들은 내 성품이 아니다. 전쟁이 일어나고 있는 비상시에 성령의 권능에 붙잡혀 가정 사역을 해야 한다.

아이들이 어렸을 때 항상 감기에 시달렸다. 사시사철 감기가 왔던 것 같다. 특히 아들은 아프면 열성경련이 일어나기 때문에 우리 부부는 초긴장 상태로 살곤 했다. 아들이 아프면 주로 밤이나 새벽에 갑자기 쓰러졌다. 아들이 좋아지면 곧이어 딸이 아팠다. 일단 감기가 집에 들어오면 아내와 나는 거의 잠을 자지 못했다. 아들의 열을 수시로 체크하면서 번갈아 돌보며 밤을 샜다. 아이가 아프지만 전쟁은 부모가 한다. 부모가 믿음으로 전쟁을 치르면 아이를 보호할 수 있고 가정도 더 강건해진다.

몸은 가족들을 섬기지만 나의 영혼은 살아서 하나님께 계속 은혜를 구하며 원수와 싸워야 한다. 가족들을 향한 따뜻한 섬김과 원수를 향한 강한 대적은 같은 것이다. 원수를 향한 가장 정확한 공격은 가족이 서로 사랑하는 것이다.

물론 전쟁이 일어나면 긴장을 피할 수 없다. 그 긴장에 가족들이 휘말리게 되는 일도 다반사다. 그러나 조금만 전쟁을 치를 줄 알게 되면 전쟁의 날에 오히려 서로 사랑하게 된다. 서로 사랑하면 결코 넘어지지 않고 하나로 연결되어 원수를 대적하고 무너뜨리게 된다. 가족을 사랑하고 원수를 대적하라!

3. 믿음의 정리

전쟁이 일어나는 영역에 대해서 믿음의 정리가 되어야 한다. 전쟁이 일어날 때마다 두려워하고 고통스러워하기만 한다면 원수는 우리를 무너뜨릴 수 있는 가장 강력한 무기를 갖게 된다. 절대로 그런 일을 허락해서는 안 된다. 우리가 겪는 고통과 문제에 대해서 하나님이 주시는 믿음을 갖게 된다면 비로소 우리는 그 문제로부터 자유하고 쉴 수 있다.

아픈 아들에 대해서 하나님께서 아들의 아버지가 되어주시고, 또 직접 돌보시며 보호하시는 것을 느낄 때 비로소 나는 아들에 대한 걱정과 두려움을 벗어버릴 수 있었다. 우리를 괴롭히는 문제에 대해서 하나님의 뜻과 생각을 알고 믿게 된다면 우리는 쉴 수 있다. 그래서 문제에 대해서 하나님 앞에 가서 믿음으로 다루고 정리하는 것을 게을리하지 말아야 한다.

충분히 괴롭힘을 당해서 믿음이 파선(破船)되고(딤전 1:19), 전쟁에 완전히 지고, 전쟁보다 더한 고통 속에 살면서 이제는 되었다고 말하면 안 된다. 사실 그런 것이 내 지난날의 삶이었다. 우리 부모와 형제들은 항상 문제 속에서 서로 싸웠다. 모든 것이 무너지고, 죽일 듯이 서로 원망을 하면 상황이 종료되었다.

전쟁에서 지고 난 후 쓰라린 삶의 상처가 남아있는 지난날의 삶과 우리가 겪는 고통에 대해 믿음을 통한 상황 정리를 할 수 있어야 한다.

4. 전쟁의 끝

아들이 아파서 우리 가족은 서로 더 사랑하게 되었다. 가정에서 예수님의 성품과 능력으로 섬기는 것이 무엇인지 전혀 모르고 캠퍼스 사역만 했던 내가 가정 안에서 아내와 아이들과 함께 성령 안에서 하나되는 것을 경험하게 되었다. 특히 홈스쿨을 하면서 아들과 더욱 친밀해지고 진정한 아버지가 되었다.

원수가 공격할 때마다 우리 가정은 더욱 좋아졌다. 적어도 전쟁이라면 가정은 깨어지지 않는다. 믿음으로 반응하면서 하나님의 도움을 받으면 전쟁은 우리에게 많은 좋은 것을 가져다준다. 믿음이 아닌 것들을 제거하는 정화작용이 있기 때문이다.

서로를 진심으로 사랑하고 하나되는 성령의 역사가 있는 가정이 된다. 원수는 그의 악함으로 가정을 공격하지만 선하신 하나님께서는 그 공격을 사용하셔서 우리를 더욱 강건하고 행복하게 만들어주신다. 이는 마치 파도를 헤치고 가는 배 뒤에서 부는 바람과 같다. 바람과 파도가 배를 위태롭게 하는 것 같지만 훈련된 뱃사공은 그 바람을 이용하여 더 빨리 앞으로 나아간다.

원수가 항복하는 것은 예수님의 이름이다. 우리에게 원수를 제어할 능력을 주셨다. 원수가 사용하는 계책을 분별하고 속지 말아야 한다. 전쟁 중인 마음에서 나오는 말과 행동을 즉시 멈추라. 전쟁에 대해 말할 수 있는 동료를 만들라.

Chapter 05

마음
지키기

주님의 이름으로

칠십 인이 기뻐하며 돌아와 이르되 주여 주의 이름이면 귀신들도 우
리에게 항복하더이다 눅 10:17

원수가 항복하는 것은 예수님의 이름이다. 원수는 우리가 아니
라 예수님의 이름에 항복한다. 그러므로 전쟁의 날에 우리는 철저
히 예수님의 이름을 의지해야 한다. 우리가 원수를 쫓아내는 것이
아니다. 예수님의 이름이 원수를 무찌른다. 항상 전쟁에서 이 사실
을 기억해야 한다.

아무리 원수가 악하고 우리를 괴롭혀도 우리에게는 그를 쫓아낼 권능이 없다. 오직 예수님의 이름과 그의 권세 아래에서 원수는 항복한다. 예수님께서 칠십 명의 사람들을 두 명씩 보내서 병을 고치고 하나님나라가 가까운 것을 선포하게 하셨을 때 약속하신 것이 있다.

너희 말을 듣는 자는 곧 내 말을 듣는 것이요 너희를 저버리는 자는 곧 나를 저버리는 것이요 나를 저버리는 자는 나 보내신 이를 저버리는 것이라 하시니라 눅 10:16

귀신들이 듣고 항복하는 예수님의 이름이 우리에게 머무는 것은 예수님께서 명령하신 일에 대해 순종할 때 가능한 것이다. 예수님께서 칠십 명의 사람들을 보내신 이유는 친히 가셔야 하는 동네와 지역으로 예수님을 대신해서 먼저 보내신 것이었다. 추수할 것은 많되 일꾼이 적은 것을 안타까워하시면서 어린양을 이리 가운데 보냄과 같이 보내신 것이었다.

비록 예수님께서 직접 가신 것은 아니지만 예수님께서 보내신 사람들은 예수님의 말을 맡은 사람들이었고, 예수님은 그 말에 권위를 주사 함께하셨다. 예수님께서 그렇게 하셨기 때문에 원수는 항복했다. 이리 가운데 있는 어린양은 잡아먹힌다. 우리는 이리 가운데 있는 어린양 같은 사람들이다. 이리를 무서워하며 제어할 방법도 잘 모른다. 그럼에도 우리가 이리를 제어할 수 있는 것은 예수님께서 우리에게 일을 맡기셨기 때문이다.

예수님은 자신의 일을 맡긴 칠십 인의 말이 곧 예수님의 말이라고 인정해주셨다. 예수님께서 맡기신 일에 순종하고 충성할 때 원수는 항복한다. 예수님께서는 마가복음 16장 15절에서 "온 천하에 다니며 만민에게 복음을 전파하라"고 말씀하셨다. 그리고 믿는 자들에게는 표적이 따르는데 "곧 그들이 내 이름으로 귀신을 쫓아내며"(17절)라고 하신다. 원수를 쫓아내는 것은 복음을 믿고 순종하는 사람들에게 나타나는 자연스러운 것이다.

예수께서 이르시되 사탄이 하늘로부터 번개같이 떨어지는 것을 내가 보았노라 눅 10:18

예수님께서 이 땅에 오신 것은 마귀의 일을 멸하기 위해서였다 (요일 3:8). 또한 직접 요한복음을 통하여 이렇게 말씀하셨다.

이제 이 세상에 대한 심판이 이르렀으니 이 세상의 임금이 쫓겨나리라 내가 땅에서 들리면 모든 사람을 내게로 이끌겠노라 하시니 요 12:31,32

예수님께서 십자가를 지심으로 원수를 결박하고 쫓아내신 것은 이미 이루어진 일이다. 우리를 위해 십자가 지신 예수님이 선포될 때마다 원수는 번개같이 추락한다. 전쟁 중에 수고가 있다 할지라도 우리가 굳게 아는 것은 우리의 믿음과 선포를 통하여 원수가 망한다는 사실이다. 원수는 이것을 아주 곤혹스럽고 무서워한다. 예수님의 이름과 그분이 하신 일이 선포될 때마다 원수는 아무것도 하지 못하고 추락한다.

통치자들과 권세들을 무력화하여 드러내어 구경거리로 삼으시고 십자가로 그들을 이기셨느니라 골 2:15

예수님께서 모든 원수의 권세들을 무력화시키시고, 구경거리로 삼으시고, 십자가로 그들을 이기셨다. 겉으로 많은 힘과 능력을 가진 것 같지만 예수님을 구주로 고백하고 십자가를 전하는 단순한 고백과 순종 앞에 모든 통치자들과 권세자들은 힘을 잃는다.

칠십 명의 사람들이 이리 가운데 갈 때 단순히 두 사람만 간 것이 아니었다. 예수님이 함께 가셨다. 예수님은 명령과 함께 권세를 주시면서 지켜보고 계셨다.

내가 너희에게 뱀과 전갈을 밟으며 원수의 모든 능력을 제어할 권능

을 주었으니 너희를 해칠 자가 결코 없으리라 눅 10:19

언제 들어도 힘이 되고 감사한 말씀이다. 예수님은 우리가 결코 아무런 힘도 없이 이리에게 잡혀 먹도록 보내시지 않았다. 뱀과 전갈을 밟으며, 원수의 모든 능력을 제어할 권능을 주셨다.

권능의 모습

아들은 또래에 비해 키가 큰 편이다. 키만 큰 것이 아니라 덩치도 좋다. 그런데 자신이 얼마나 힘이 있는지 모른다. 작고 어린 아이들이 강하게 반발하면 뒤로 물러선다. 선한 아들이 기쁘지만 약한 것이 마음 아프다. 그래서 권투를 통해 자신의 힘이 어느 정도인지 알게 해주고 싶었다. 스스로 힘을 기르고 그것을 확인해가면서 자신감을 갖게 해주려고 한다.

아마 예수님께서도 우리에게 그러시지 않을까 싶다. 우리가 가진 힘, 예수님이 주신 그 권세가 어떤 것인지 알게 해주고 싶으실 것이다. 우리는 그 권능의 크기와 힘을 알고 사용할 줄 알아야 한다.

그러나 귀신들이 너희에게 항복하는 것으로 기뻐하지 말고 너희 이름이 하늘에 기록된 것으로 기뻐하라 하시니라 눅 10:20

예수님께서는 예수님의 이름으로 원수를 쫓아내고 강력한 사역을 했어도 모른다고 하실 수 있는 것에 대해서 말씀하셨다.

그날에 많은 사람이 나더러 이르되 주여 주여 우리가 주의 이름으로 선지자 노릇하며 주의 이름으로 귀신을 쫓아 내며 주의 이름으로 많은 권능을 행하지 아니하였나이까 하리니 그때에 내가 그들에게 밝히 말하되 내가 너희를 도무지 알지 못하니 불법을 행하는 자들아 내게서 떠나가라 하리라 마 7:22,23

우리는 눈에 보이는 현상과 권능의 나타남에 주목한다. 설사 예수님의 뜻이 있다 해도 현상이 나타나지 않으면 없는 것처럼 생각한다. 내가 원하는 기적이 나타나야 예수님이 계신 것이다. 반대로 예수님의 뜻이 없어도 권능의 현상만 나타나면 바로 그 현상 자체가 예수님의 뜻인 줄 안다. 그러나 권능의 현상이 나타나는 사람이라도 예수님께서 '불법을 행하는 자들'이라며 물리칠 수 있다는 것을 알아야 한다.

사람은 얼마든지 예수님의 이름과 권능을 이용하여 자신의 뜻을 이룰 수 있는 존재이다. 권능이 나타나고 원수가 쫓겨나는 것보다 더 중요한 것은 우리 이름이 하늘에 기록된 것이다. 그것은 우리가 예수님의 사람으로서 예수님이 맡기신 일에 충성하고 있다는 증거가 되기 때문이다. 예수님이 맡기신 일에 충성하는 일꾼으로 산다면 원수가 쫓겨나고 권능이 나타나는 것은 당연하다.

일꾼이 주인께서 주신 이름과 그의 권능을 자신의 것인 양 하거나 자신을 위해서 쓰는 것은 주인에게 버림받는 일이다. 그러나 충성을 다한다면 그러한 권능의 모습은 우리 이름이 하늘에 기록된 증거라고 확증해주신다. 이것이 우리의 기쁨이 되어야 한다. 예수님이 맡기신 일에 충성하고 있다는 것, 즉 일꾼으로서 잘하고 있다면 권능은 당연하다.

충성스러운 일꾼에게 나타나는 권능은 '권능이 내게도 나타났다'는 기쁨이 아니라 맡겨주신 일을 잘하고 있다는 증거이자 하늘에 이름이 기록되었다는 기쁨이다.

또 참으로 나와 멍에를 같이한 네게 구하노니 복음에 나와 함께 힘쓰던 저 여인들을 돕고 또한 글레멘드와 그 외에 나의 동역자들을 도우라 그 이름들이 생명책에 있느니라 빌 4:3

이기는 자는 이와 같이 흰 옷을 입을 것이요 내가 그 이름을 생명책에서 결코 지우지 아니하고 그 이름을 내 아버지 앞과 그의 천사들 앞에서 시인하리라 계 3:5

속지 않기

전쟁을 분별하지 못하게 하는 것은 가장 일반적인 원수의 속임이다. 우리는 육신을 입고 있는 인간이다. 그러나 원수는 눈에 보이지 않게 우리를 괴롭힌다. 눈에 보이지 않는 사실들을 지나치게 정확하게 정의하려고 하면 반드시 속게 된다. 전쟁이 있다는 것을 알고 조심스럽게 원수의 움직임을 추적해보아야 한다. 항상 방해와 괴롭힘이 있을 것이라는 생각을 하며 신중하게 상황을 살피는 것이 승리의 중요한 요소이다.

들떠 있다가 원수가 몇 번 건드리면 하나님이 도와주시지 않는다고 원망하고 무너지는 사람들이 있다. 어리석은 사람들이다. 전쟁을 모르니 들뜨고, 좋은 일을 하려다가 방해를 받으니 성질이 나서 무너지는 것이다. 믿음의 일일수록 항상 공격을 받는다. 하나님이 기뻐하실 일이기에 원수가 방해하는 것이다.

하나님의 일을 이루자면 전쟁을 치러야 한다. 속지 않고 일을 성취하려면 상황에 대한 객관적 이해와 그 상황 너머의 방해자에 대한 이해를 가져야 한다.

이는 우리로 사탄에게 속지 않게 하려 함이라 우리는 그 계책을 알지 못하는 바가 아니로라 고후 2:11

전쟁의 상황을 알게 되었다면 악한 원수가 무슨 방법을 사용하는지도 분별하여 알아야 한다. 원수는 그의 악함에서 나온 방법을 사용하여 하나님의 사람과 일을 무너뜨린다. 원수의 계책을 알고 영적인 전쟁을 한다면 속지 않고 승리할 수 있다.

만약 어떤 교회가 서로 분열하고 용서하지 않는다면, 피차 물고 뜯는다면 원수에게 제대로 속은 것이다. 그 모든 일의 배후에서 교회를 무너뜨리고자 조종하는 원수의 계책에 속아서 서로를 공격하게 된 것이다.

말을 교묘하게 바꾸고, 거짓말을 하고, 분열을 일으키고, 끝없이 자신만을 위한 대화를 이어나가는 상황을 조심하고 분별해야 한다. 그것은 예수님께서 말씀하신 거짓의 아비인 원수의 전형적인 특징이기 때문이다. 원수가 방해하는 것을 사람 사이의 문제로만 돌리면 전쟁을 막을 수 없다. 물론 사람의 책임이다. 그러나 거짓말하는 악한 원수가 상황과 사람을 조종할 수 있다는 것을 알아야 한다.

원수의 최종 타깃은 선한 마음으로 하나님의 일을 하려는 사람이다. 하나님의 사람을 무너뜨리기 위해 원수가 못할 짓은 없다. 원수가 사용하는 계책을 분별하고 속지 말아야 한다.

대적하기

원수와는 어떠한 타협도 있을 수 없다. 오직 믿음으로 대적하는 일만이 있을 뿐이다. 전쟁에 약해져서는 안 된다. 전쟁을 모르는 사람이 되어서는 안 된다. 타협 없이 대적하여 우리 삶의 모든 영역에 평강이 가득하여 원수가 훼방을 놓을 수 없도록 해야 한다.

근신하라 깨어라 너희 대적 마귀가 우는 사자같이 두루 다니며 삼킬 자를 찾나니 너희는 믿음을 굳건하게 하여 그를 대적하라 이는 세상에 있는 너희 형제들도 동일한 고난을 당하는 줄을 앎이라 벧전 5:8,9

그런즉 너희는 하나님께 복종할지어다 마귀를 대적하라 그리하면 너희를 피하리라 약 4:7

믿음을 굳건하게 하여 마귀를 대적해야 한다. 원수는 우리에게 안 좋은 상황을 통해 핍박을 주면서 공격하기 때문에 낙심하면 마귀를 대적할 수 없다. 그 공격 너머에 있는 하나님의 은총을 알고 믿어야 한다. 그러므로 상황에 마음을 빼앗기지 말고 믿음으로 마음을 새롭게 하여 원수를 대적해야 한다. 원수를 대적하기 위해 하나님께 복종해야 한다. 하나님께 복종하지 않으면 전신갑주를 취할 수 없기 때문이다.

마귀의 간계를 능히 대적하기 위하여 하나님의 전신갑주를 입으라

그래서 하나님의 보호를 받으려면 철저한 순종이 필수다. 마귀는 우리를 속이고, 핍박하고, 훼방하기 때문에 하나님께 복종하지 않으면 순식간에 당하게 된다. 우리 마음이 하나님의 뜻에 철저히 위탁되고 연결되어 있어야 살 수 있다.

또한 전쟁이 삶의 어느 영역에서 어떻게 일어나고 있는지 기도를 통해 알 수 있어야 한다. 이미 전쟁이 일어나고 있다면 괴롭힘을 당하고 있을 것이다. 그러한 삶의 영역을 주의 깊게 살피고 전쟁인지 아닌지 살펴보아야 한다. 전쟁이라면 어떤 핍박과 방해가 있는지 살펴서 그 배후에 있는 원수를 분별하고 대적하는 것이다.

원수의 방해를 모르고 순진하게 상황에 낙담하면 원수가 좋아할 것이다. 어떤 경우에도 원수가 좋아하는 일을 해서는 안 된다. 핍박과 훼방의 종류가 무엇인지 살피면 원수를 파악할 수 있다. 그때부터는 믿음으로 원수를 대적하고 쫓아내야 한다.

예수께서 무리가 달려와 모이는 것을 보시고 그 더러운 귀신을 꾸짖어 이르시되 말 못하고 못 듣는 귀신아 내가 네게 명하노니 그 아이에게서 나오고 다시 들어가지 말라 하시매 막 9:25

예수님께서는 원수를 정확하게 파악하시고 꾸짖으시며 내쫓으셨다. 예수님의 모범을 따랐던 바울도 그러했다.

바울이라고 하는 사울이 성령이 충만하여 그를 주목하고 이르되 모든 거짓과 악행이 가득한 자요 마귀의 자식이요 모든 의의 원수여 주의 바른 길을 굽게 하기를 그치지 아니하겠느냐 행 13:9,10

구브로에서 총독인 서기오 바울에게 전도할 때 엘루마라는 마술사가 총독이 믿지 못하도록 대적했다. 이때 바울은 예수님께서 하셨던 것처럼 원수의 방해를 정확히 파악하고, 분명하게 대적했다. 주의 바른 길을 굽게 하려고 방해하는 원수를 분명하게 파악하고 대적하여 물리친 것이다.

기다리기

영적전쟁에서는 싸우지 않고 이기는 것이 최선이다. 어떤 문제가 발생했을 때, 원수의 방해를 느끼면서도 그 문제를 해결하고자 하나님의 성품에서 벗어난 모습으로 성급하게 일을 처리하고 있다면 이미 원수에게 승리를 헌납한 것이다.

청년부 사역을 할 때, 전쟁이 정말 심하다는 것을 느꼈다. 도저히 설교를 할 수 없을 정도로 고통스러웠다. 주일마다 예배드리는 것 자체가 전쟁이었다. 아무리 애를 써도 안 되고, 이길 수 없다는 생각이 들 때가 많았다. 정말로 이해되지 않는 공격들이 많았다. 그래서 예배당에 혼자 앉아서 계속 기도를 했다. 만약 원수가 공격한다면 끝장을 내보자는 마음이 있었다.

그러나 사역이 끝날 때까지 전쟁을 치르는 중보기도를 하지 못했다. 모든 상황을 인정하고 그 속에서 겸손하게 있기로 결정하고 시간을 보냈다. 마음이 어려워도 순종했다.

아무 때나 전쟁하고 승리하는 것은 아니다. 원수가 왕을 붙잡아서 다윗을 공격할 때, 그에게 창을 던질 때 그는 피해야 했다. 그리고 영문도 모른 채 도망다녀야 했다. 전쟁을 피하기 위해서는 하나님께서 행하시도록 맡기고 겸손하게 있어야 한다. 매우 고통스럽지만 그렇게 해야 할 때가 있다. 그래야 나를 지키고 사역도 지킬 수가 있다.

그러므로 나 바울은 한 번 두 번 너희에게 가고자 하였으나 사탄이 우리를 막았도다 살전 2:18

사탄이 뜻을 이루고 하나님의 일이 막힐 때가 있을 수 있다. 그렇다면 전쟁을 피하고 때를 기다려야 한다. 영적인 전쟁은 하나님께 속한 것이기에 하나님께서 원수를 치셔야 우리가 승리를 쟁취할 수 있다. 전쟁을 파악하고 대장되신 주께서 승전하실 때, 우리도 따라가면서 전쟁을 치르고 승리를 취해야 한다.

《충만》에서도 강조했지만 성령충만하면 모든 일이 잘 풀리는 것이 아니라 원수의 공격과 핍박을 받게 된다. 전쟁은 개인이든 단체든 피할 수 없다. 성령충만하여 잘해온 사람에게도 마음전쟁은 있다. 자신이 가장 중요하고 민감하게 여기는 부분에서 믿음이 생길 때까지 전쟁은 멈추지 않는다.

규장에서 자비량으로 강의를 한 지 일 년이 넘었다. 조금 주제넘는 말일 수 있는데 규장은 전쟁을 치르고 있는 듯하다. 그동안 성령충만함으로 일을 잘 감당해왔다. 아마 은혜가 있었고 일도 잘 되었을 것이다. 그러나 전쟁의 날에는 잘 되던 것들도 잘 되지 않는다. 규장과 갓피플이 가장 소중히 여기는 수익률에서 전쟁은 일어날 것이다. 기업이 수익이 없이 어떻게 살아남겠는가. 믿음으로 전쟁에서 승리해 수익을 남겨야 하는 시간에 들어선 것이다. 그래서 훨씬 더 거룩해야 하고 하나님께 순종해야 한다.

전쟁의 날에는 타협이 일어날 수도 있다. 입으로는 믿는다고 말하지만 실제로 일을 할 때는 믿음이 아닌 원수의 방식, 혹은 과거에 일하는 방식으로 할 수도 있다. 승리할 것인가 아니면 생명 없는 사역이 될 것인가를 결정해야 한다. 일은 누구나 할 수 있다. 그러나 사람을 변화시키고, 살리며, 세상을 새롭게 하는 생명의 사역은 전쟁에서 승리한 사람과 공동체에게 주어지는 상급이다. 아무나 상을 받는 것이 아니다. 나는 규장 직원이 아니다. 그래서 이 전쟁에 휘말리고 싶지 않다. 그저 기도한다. 나는 전쟁에 휘말려서 정신없이 싸우고 있는 모든 사람들과 연대하며 그들을 지지한다. 무엇보다 그런 삶을 향한 깊은 연민으로 그들과 마음을 같이한다.

믿음은 마치 바나나보트를 타는 것과 같다. 보트가 정신없이 달릴 때는 그저 붙어 있어야 한다. 만약 손잡이를 놓치면 물에 빠질 수 있다. 다른 사람들은 즐겁게 구경할 수 있지만 정작 보트를 타는 자신은 경치를 보지 못하고 오직 매달려 있어야만 한다. 이처럼 전쟁이 일어나서 믿음으로 지나갈 때는 정신이 없다. 잘하고 있는지 아닌지도 구분이 되지 않는다. 이럴 때는 꼭 달라붙어서 전쟁이 지나가기를 기다려야 한다.

전쟁이 한창일 때는 뜨거운 기도나 찬양이 없을 수도 있다. 날마다 불안과 투쟁하면서 아무도 모르게 어려운 시간을 보낼 수 있다. 그럼에도 꼭 붙어 있어야 한다. 전쟁이 지나면 다시 생명으로 충만하여 기도가 살아나고, 찬양이 뜨거워지며, 일 속에서 하나님이 주시는 상을 받게 된다. 전쟁 후에는 반드시 전리품이 있다.

충성하기

너는 장차 받을 고난을 두려워하지 말라 볼지어다 마귀가 장차 너희 가운데에서 몇 사람을 옥에 던져 시험을 받게 하리니 너희가 십 일 동안 환난을 받으리라 네가 죽도록 충성하라 그리하면 내가 생명의 관을 네게 주리라 계 2:10

우리의 모범이신 예수님과 생명을 바쳐 예수님을 증거했던 바울 그리고 경건하게 살았던 모든 사람들이 받았던 원수의 핍박을 우리도 피할 수 없다. 성경은 그런 고난이 오면 두려워하지 말라고 말씀하신다.

요새 교회를 향하여 이런 말을 한다면 분명히 공격을 받을 것이다. 달달한 이야기, 다 잘될 거라는 이야기를 하며 마귀라는 말은 입에 올리기도 싫어하는 사역자들이 많다. 그런데 성경은 분명하게 말한다. 마귀가 사람들을 옥에 잡아넣는다는 것이다. 그러면 옥에서 건져내주겠다고 해야 하는데 죽도록 충성하라고만 하신다. 죽도록 충성하면 생명을 주시겠다는 것이다. 돈 아니면 아무것도 아닌 세상에서 죽도록 충성해서 받는 것이 생명이라니…. 어떤 사람도 죽도록 충성하지 않을 것이다.

충성하지 않을 거면 입장을 정리하고 관계를 정리해야 하는데

제 마음대로 살면서 권리는 누려야 한다는, 이런 기막힌 상황에 우리가 있다. 전쟁은 남의 이야기이고, 나는 그런 부르심이 아니니 좋은 일만 있고, 상만 받으면 좋겠다는 생각으로 예수님을 믿는다고 말하고 있다.

여호와의 말씀을 그들이 자신들에게 욕으로 여기고 이를 즐겨 하지 아니하니 렘 6:10

모든 좋은 상이 고난을 이긴 사람들에게 주어진다. 고난이 없고, 원수의 공격이 없는 삶을 살려면 예수님을 따르면 안 된다. 예수님은 진리이시다. 진리는 말로 이루어지는 게 아니다. 예수님이 십자가를 지신 것처럼 피를 흘려야 진리는 진리가 된다. 어두움이 순순히 진리를 인정하고 물러나는 게 아니다. 피 흘리는 투쟁을 통하여 어두움이 물러간다.

원수가 고난을 주어서 몇 사람이 옥에 던져지는 서머나교회가 해야 할 일이 무엇인가? 그것은 죽도록 예수님께 매달리는 것이다. 모든 핍박이 지나갈 때까지 예수님께 충성하는 것이다. 죽기를 각오한 충성이다. '그래 죽자, 나를 죽여라' 하면 원수가 물러가기 시작한다.

죽음을 각오하지 않는 이상 원수가 자기 뜻을 포기하지 않는다는 사실을 모른다. 수많은 전쟁을 치러야 죽겠다는 담대함이 생긴다. 그러면 모든 인간적인 방법과 의도를 포기하고, 오직 예수님께 죽도록 붙어 있어야 한다는 것을 알게 된다. 원수의 공격을 우리 마음대로 선택할 수 없다. 예수님의 승리의 방식도 우리 마음대로 선택할 수 없다.

우리가 할 수 있는 일은 우리를 불쌍히 여기시는 하나님의 보호가 임할 때까지 죽기를 각오하고 믿음을 지키는 것이다. 우리의 부끄러움과 고통이 커지고, 원수가 승리했다고 자만할수록 원수를 향한 하나님의 심판과 우리를 향한 하나님의 구원이 가까이 와 있다.

만군의 여호와께서 말씀하시되 이는 힘으로 되지 아니하며 능력으로 되지 아니하고 오직 나의 영으로 되느니라 큰 산아 네가 무엇이냐 네가 스룹바벨 앞에서 평지가 되리라 슥 4:6,7

집중하기

원수는 늘 상식 밖이다. 도저히 상식으로는 이해되지 않는다. 원수의 그런 행동을 보고 집중력이 떨어지면 실수를 하게 된다. 지네딘 지단이라는 훌륭한 축구 선수가 있었다. 그는 프랑스 '아트 사커'의 지휘관이자 월드컵에서 우승을 이끌었던, 백 년에 한 명 나올

까 말까 한 선수이다.

그런 선수가 2006년 독일 월드컵 결승전에서, 그것도 자신의 축구 인생 마지막 경기에서 퇴장을 당했다. 경기 중 상대방 수비수가 자신의 어머니에 대해 입에 담을 수 없는 욕을 했다는 이유였다. 그런 상식 밖의 행동 때문에 축구에 집중하지 못했던 지단 선수는 그 수비수의 가슴을 머리로 박아 넘어뜨리고 퇴장을 당했다.

원수는 무언가 조금이라도 기대거나 생각해볼 것이라고는 찾아볼 수 없는 존재이다. 그런 원수의 방해에 집중력을 잃으면 사명을 이룰 수 없다. 만약 예수님께서 바리새인이나 서기관, 제사장들 그리고 빌라도에게 받은 수치와 모욕 때문에 집중력을 잃으셨다면 우리는 구원받지 못했을 것이다. 예수님은 끝까지 자신의 사명에 집중하셨다.

이것을 너희에게 이르는 것은 너희로 내 안에서 평안을 누리게 하려 함이라 세상에서는 너희가 환난을 당하나 담대하라 내가 세상을 이기었노라 요 16:33

세상은 예수님이 하시는 일을 막을 수도, 상관할 수도 없다. 방해가 극심할 때마다 나는 이 말씀을 떠올린다. 예수님 안에 있는 평안은 세상이 빼앗을 수 없다. 세상을 이기신 예수님에게 세상은 관계할 것이 없다. 예수님을 믿고 따르는 우리도 그분 안에 있으면 세상과 상관이 없다. 세상이 예수님을 믿는 우리를 어떻게 할 수 없기 때문이다. 원수에 주목하는 것이 아니라 우리의 할 일, 맡은 바 사명에 순종하고 집중해야 한다.

글은 이렇게 썼지만 나는 평안을 자주 잃어버린다. 세상이 주는 환난에 마음을 빼앗긴다. 내가 지단처럼 그렇게 모욕을 당했다면 당장 축구를 그만두었을 것이다. 강의하러 가서 종종 나는 평안을 잃어버린다. 원수가 마음대로 활개를 치면서 난장판을 벌이고 있는 것을 볼 때마다 마음이 격렬해진다. 그런 상황을 결코 지나치지 못한다.

어떤 사역자들은 자신과 상관없는 듯이 사역을 할 수도 있겠지만 나는 아니다. 반드시 말을 하고 전쟁을 치르게 된다. 때로 사람들의 상태가 좋아지기도 하지만 어떤 경우에는 심각한 공격을 받기도 한다. 하지만 더욱 세밀하고 진실하고 세련되게 방어하고 공격하는 것에 능해지고 있다. 전쟁을 치러야만 알 수 있는 방법이다. 전쟁을 겪어야 세련된 승리 전법도 알게 되는 것 같다. 그러나 아무리 세련되게 방어해도 원수가 작심하고 달려들면 아무것도 못하고 죽어야만 하는 때가 있다. 그때는 죽어야 한다.

멈추기

전쟁이 일어나면 겪고 있는 현상 뒤에 우리를 공격하는 존재가 있다는 것을 항상 의식할 필요가 있다. 욥의 친구들은 원수가 욥을 공격하고 있다는 사실을 꿈에도 알지 못했다. 전쟁에 대한 감각이 없었던 그들은 결국 욥이 죄가 있다고 단정했다. 그들은 욥을 도와주려 했지만 전쟁을 이해하지 못함으로써 원수에게 이용당했다.

전쟁을 모르면 원수에게 이용당할 수 있다. 상황이 꼬이고, 관계가 어려워지고, 삶이 힘들 때 원수의 공격이 있을 수 있다는 생각을 해야 한다. 전쟁이라는 생각이 들었다면 먼저 벌어지고 있는 눈에 보이는 상황에 대해서 답답하고 괴로운 마음을 새롭게 정리할 필요가 있다.

전쟁의 특징 중 하나는 내게 벌어진 일에 대해서 지나치게 감정적이 된다는 것이다. 필요 이상으로 화가 나거나 두렵거나 외로울 수 있다. 하지만 딱 그 순간만 그럴 수 있다는 것을 알아야 한다. 전쟁으로 인해 일어난 불쾌한 감정은 진실도 아니고, 영원하지도 않다. 한순간 내면을 흔들어 삶을 무너지게 하는 것이다. 괴로움과 두려움이 파도처럼 몰려와서 금방 내 삶을 망가뜨릴 것 같지만 그렇지 않다. 단지 전쟁 중일 뿐이다.

전쟁 중에 마음이 약해지는 것은 금물이다. 마음으로부터 전쟁이 일어나고 있고, 원수가 쏘는 불화살이 날아오고 있다는 전쟁에 대한 상황 인식을 해야 한다. 벌어진 상황으로 말미암아 발생한 내 감정과 마음의 내용들은 정상적인 상태와는 다르다. 조금 더 과장되어 있거나 위축되어 있다.

그런 감정 상태로 일을 진행한다면 상황은 더욱 어려워질 수 있다. 먼저 상황과 감정을 분리하여 어려운 마음부터 다스려야 한다. 공격받은 마음으로 말을 하거나 문제를 해결하려 하면 상황이 더욱 악화된다. 전쟁 중인 마음에서 나오는 말과 행동을 즉시 멈추라! 쉽지 않지만 전쟁으로부터 나를 지키고 보호하려면 반드시 익혀야 하는 기술이다.

말과 행동을 멈추고 무엇을 할 것인가? 원수가 괴롭히기 시작하면 다시 평강이 올 때까지 쉴 수 없다는 것을 인정하고 마음을 강하게 해야 한다. 전쟁의 어려운 점은, 영적으로는 전쟁을 치르면서 현실적인 관계 속에서는 평강을 유지해야 한다는 것이다. 마음이 파도처럼 요동치고 있는데 평안하게 지내자면 참으로 강한 내면이 필요하다. 전쟁을 겪고 실패를 통하여 내면의 바닥을 보지 않은 사람들이 착한 척할 때 나는 마음이 매우 힘들다.

전쟁을 겪어봐야 원수가 얼마나 믿는 사람들의 선한 영향력을 싫어하는지 알게 된다. 원수가 작심하고 달려드는 진흙탕 전쟁에서 홀로 고고하게 좋은 사람으로 있을 수 없다. 오직 훈련된 내면만을 신뢰할 수 있다는 걸 알아야 속 깊은 대화가 가능해진다. 원수의 악함, 사람의 연약함, 우리를 훈련시키시는 하나님의 기다림과 강한 권능을 알아야 비로소 현실에 대한 의미 있는 대화와 해결책이 보인다.

피하기

주변 사람이 평상시와 태도가 다르다면 그가 혹시 영적전쟁을 치르고 있는지 살펴야 한다. 그리고 그를 긍휼히 여기고, 기도해주어야 한다. 나는 격렬한 전쟁을 치를 때 가장 가까운 아내에게도 나눌 수 없어서 매우 힘들었다. 어느 순간 아내도 세밀한 전쟁을 치르기 시작하면서 비로소 전쟁의 상황에 대해서 친밀하고 깊은 대화를 나눌 수 있게 되었다.

전쟁이 일어났을 때 두 사람이 마음을 같이하여 대응할 수 있다면 훨씬 수월하게 승리할 수 있다. 한 사람의 마음은 쉽게 무너지지만 두 사람 이상이 마음을 모으면 서로 격려하고 하나됨으로써 마음이 더욱 강해지고 무너지지 않는다. 전쟁을 분별할 수 있고, 나를 이해하는 동료가 있다는 것은 승리를 손 안에 쥔 것이나 다름 없다.

한 사람이면 패하겠거니와 두 사람이면 맞설 수 있나니 세 겹 줄은

쉽게 끊어지지 아니하느니라 전 4:12

이전에는 전쟁이 일어나면 아이들이 내 얼굴을 살폈다. 그런데 아내와 전쟁에 대해서 이야기를 할 수 있게 되면서 훨씬 여유있게 아이들을 섬길 수 있게 되었다. 우리의 문제가 아니라 원수의 문제라는 것을 서로 알고 따뜻함으로 나눌 때 오는 특별한 평강을 누리라. 그러기 위해 전쟁에 대해 말할 수 있는 동료를 만들라!

아무리 원수가 악해도 근거가 없는 곳에서 악을 피울 수는 없다. 우리 내면의 청결함과 강건함은 더러움이 발붙이지 못하게 한다. 하나님의 평강과 강건함이 우리 내면을 주장할 때 원수가 할 수 있는 것은 없다. 말과 행동을 멈추고, 전쟁을 아는 동역자를 세우고, 마지막은 다른 방법을 찾는 것이다.

전쟁의 날에 적진 한가운데를 달리며 문제를 해결하고 승리할 수도 있다. 그러나 잠깐 피하면서 쉬어가는 것도 방법이다. 잠깐만 그 상황을 피하면 전혀 다른 상황이 전개될 수도 있다. 전쟁은 유동적이다. 잠깐의 상황이라도 피하면 원수의 격렬함이나 나의 위축됨이 아닌 조금은 다른 시각과 전략으로 바뀐 상황에 대처할 수 있다. 소나기를 잠깐 피해 가는 것이다.

전쟁의 날에 조급한 마음으로 서두르면 두고두고 후회하게 된다.

일이 힘들고 급박하며 관계 안에 긴장이 고조될 때 살짝 피해 기다릴 필요가 있다. 원수의 공격을 잘 피하면 분명히 원수도 힘을 잃게 된다. 누군가의 분노에 반응하면 더 큰 싸움이 일어나지만 피하면 상대방도 힘을 잃는다. 하나님이 보호해주신다면 기다리는 동안 반드시 영적 주도권을 회복할만한 지혜와 담대함이 생긴다. 그때 전쟁의 승리를 위한 간절한 기도는 더욱 완벽한 승리를 가져다줄 것이다.

Part 03

믿음

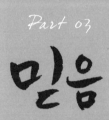

치열한
마 음
전쟁을
치르고
얻는
승 리

하나님과의 관계의 틈이 공격의 통로가 된다. 예수님을 향한 신뢰가 약해지는 것이 전쟁의 출발이다. 전쟁은 사소하게 일어나서 본질을 잃어버리게 할 수 있다. 믿음이 없는 것은 진지가 없이 적과 싸우는 것과 같다.

Chapter 06

예수님의
전쟁

신분의 변화

누구든지 예수님을 믿는 사람은 하나님의 자녀가 되는 권세를
갖게 된다.

영접하는 자 곧 그 이름을 믿는 자들에게는 하나님의 자녀가 되는 권
세를 주셨으니 요 1:12

예수님을 믿고 하나님의 자녀가 되는 권세의 내용에 대해서 갈
라디아서는 이렇게 말씀한다.

때가 차매 하나님이 그 아들을 보내사 여자에게서 나게 하시고 율법 아래에 나게 하신 것은 율법 아래에 있는 자들을 속량하시고 우리로 아들의 명분을 얻게 하려 하심이라 너희가 아들이므로 하나님이 그 아들의 영을 우리 마음 가운데 보내사 아빠 아버지라 부르게 하셨느니라 그러므로 네가 이 후로는 종이 아니요 아들이니 아들이면 하나님으로 말미암아 유업을 받을 자니라 갈 4:4-7

예수님을 믿고 하나님의 자녀가 된 사람은 율법에서 속량되었다. 속량이라는 말은 해방되었다는 뜻이다. 율법에서 해방될 뿐만 아니라 아들의 명분도 갖게 되었다. 예수님을 믿기 전 우리는 율법 아래에 있는 죄인이었다. 그러나 예수님을 믿음으로 생명의 성령의 법, 은혜의 법 아래 있는 하나님의 자녀가 되었다.

예수님을 믿기 전 죄인으로서의 법적인 신분은 완전히 끝났다. 예수님을 믿는 우리는 이제 죄인이 아니다. 믿음으로 의롭게 된 하나님의 자녀로 신분이 완전히 바뀌었다. 우리는 의로우신 하나님의 자녀로서 관계를 맺게 되었다.

예수님을 믿기 전의 죄인들에게 하나님은 재판장이셨다. 죄인들에게는 율법에 따른 심판이 주어진다. 율법은 죄가 있는 사람들을 정죄하는 심판의 법이다. 그러나 예수님을 믿는 우리에게 하나님은 아버지가 되신다. 그러므로 하나님은 자녀인 우리를 보실 때 죄인으로, 재판의 대상으로 보시지 않는다. 하나님 아버지께서는 우리를 자녀로 보신다. 따라서 우리의 죄도 심판의 대상이 아니라 교정의 대상이 된다. 예수님을 믿음으로 바뀐 우리의 신분을 제대로 알고, 한시도 잊지 않아야 한다.

율법의 두려움을 벗고 하나님 아버지 앞에서 자녀로 자유함을 누릴 때까지 우리의 믿음은 더욱 성장해야 한다. 간혹 죄를 지었을 때 하나님이 두려워지면서 예전에 하던 버릇대로 숨고 도망가고 싶어질 수 있다. 그런 불신을 던져버려야 한다. 비록 죄가 있다 할지라도 아버지 되신 하나님 앞에 자녀로서 겸손하게 나아가 회개하고 용서받아야 한다.

원수는 우리의 죄를 빌미로 우리가 하나님의 자녀라는 신분을 믿지 못하게 만들어서 사망으로 가도록 유인한다. 그것에 절대로 속지 말아야 한다. 자녀 된 나의 신분은 나의 거룩한 행실로 쟁취한 것이 결코 아니다. 그러므로 거룩한 행실이 없어지면 자녀가 아니라는 속임, 심판받을 것이라는 거짓에 넘어가서는 안 된다. 스스로 의로움을 세우려다 죄가 나오면 죄책감으로 도망가거나 하나님의 자녀로서의 관계를 잊어버리는 사람들이 있다. 이것은 내가 어떤 신분이며 하나님이 내게 어떤 분이신지 몰라서 하는 행동이다.

예수님을 믿음으로 하나님의 자녀가 되었다는 사실을 항상 기억해야 한다. 우리의 죄조차도 아버지와 자녀의 관계 속에서, 믿기만

하면 값없이 용서되는 은혜의 법 아래서 해결될 것이다. 은혜는 우리가 죄를 해결하기 위해 한 것이 없음에도 우리를 위해 대신 피를 흘리신 예수님을 믿음으로 아무런 대가를 치르지 않고 용서받는 것을 말한다. 죄를 용서받기 위해 무언가 값을 치른다면 그것은 은혜가 아니다.

죄에 대한 태도

자신의 죄에 대한 태도가 달라져야 한다. 율법의 두려움 아래서 죄를 감추려는 태도로는 죄를 이길 수 없다. 청년들에게 말씀을 전할 때 하나님께 차마 말 못한 죄가 있느냐고 물어본 적이 있다. 대다수 청년들이 없다고 대답했다. 더는 친밀하게 말하기 어려웠다. 그런 분위기를 깨트린 것은 직설적인 진실이었다.

청년들의 말을 듣고 모두 하나님 앞에서 자신의 죄를 잘 다스리고 있는 것 같다고 동의를 표현했지만, 불편함은 가시지 않았다. 그래서 내가 말했다.

"만약 우리가 정말로 하나님과 친밀한 관계 안에서 우리 죄를 용서받고, 자유를 경험하고 있다면 우리는 우리 죄에 대해서 방어적이지 않을 것입니다."

그들은 모두 진심으로 내 말에 동의해주었다. 정말 다행이었다.

그날 밤, 청년들은 하나님 앞에서 죄에 대해 방어하지 않고 깊은 기도로 나아갔다. 죄를 다 해결했다던 그들이 자신의 죄를 얼마나 진지하게 다루던지….

하나님의 자녀가 되어 하나님과 의로운 관계를 맺은 사람은 항상 그런 관계 안에서 살고자 해야 한다. 죄를 짓지 않는 것이 가장 좋지만 죄가 있다면 반드시 다루어야 한다. 사람은 스스로 죄를 다스릴 수 없다. 그러므로 좋으신 아버지 앞에서 자녀로서 자신의 죄를 다루어가는 친밀한 관계를 항상 추구해야 한다.

혹 과거에는 자신의 죄를 아버지와의 친밀한 관계 안에서 은혜롭게 다루었는데 지금은 그렇지 않다면 관계에도 문제가 생겼고, 죄도 더욱 심해졌을 것이다.

나의 회개의 내용도 달라졌다. 전에는 실제로 짓는 죄를 회개했는데 지금은 하나님 아버지의 마음을 갖지 못한 죄송함을 회개하는 경우가 많다.

한번은 거리에서 《빅이슈》(노숙인의 자활을 돕는 월간지)를 5천 원을 주고 샀다. 노숙인들이 파는 그 잡지의 정가는 3천 원인데 어떤 사람이 쓴 글에 보니 보통 5천 원을 주고 잔돈을 받지 않는다는 것이다. 그래서 나도 5천 원을 주기로 했다. 잡지를 사서 스타벅스에서 보기도 하고, 글도 쓰려는데 스타벅스 점원이 내게 인사하며 자기는 높은뜻교회에 다닌다고 하면서 아이스커피를 사준다. 고마운 마음에 잡지를 주었더니 예쁘게 장식된 원두커피 믹스 한 봉을 주었다. 모두에게 하나님께서 주시는 마음이 넘치는 날이었다.

예수님을 믿고 하나님의 자녀가 되었으면 죄에 대한 태도와 죄의 내용이 달라져야 한다. 10년을 믿으나 20년을 믿으나 똑같은 죄를 짓고, 나중에는 회개도 하지 않는다면 살아있는 믿음이 아니다. 심각한 죄를 짓던 사람이 돌이켜 하나님의 마음을 조금이라도 아프시게 했다면 자신의 완악함을 깊게 회개하는 단계에 이르러야 한다.

죄는 하나님과의 관계 안에서 명확해진다. 율법이 말하는 죄만 죄가 아니다. 하나님을 근심하게 하고, 슬프게 하면 자녀로서 마땅히 회개해야 한다. 그래서 성경은 이렇게 말한다.

그러므로 사람이 선을 행할 줄 알고도 행하지 아니하면 죄니라 약 4:17

선하신 하나님께서 선한 부담감을 주실 때 순종하지 못한 것들이 하나님을 슬프게 한다. 불순종은 하나님을 근심케 하며, 하나님 아버지와의 관계에도 문제를 일으킨다. 하나님께서 하나님을 닮지 않은 우리를 보고 근심하시는데 우리가 아무런 문제의식이 없다면 정말 잘못된 것이다.

우리는 죄를 짓지 않기 위해 산다기보다 하나님을 기쁘시게 하기 위해 살아야 한다. 하나님께서 우리를 기뻐하실 때의 즐거움과 놀라움을 경험한 사람은 알 것이다. 그때는 세상의 모든 것이 즐겁고, 행복하며, 고난도 넉넉히 이길 수 있다. 가끔 하나님이 나를 기뻐하시지 않을 때의 그 곤고함과 무서움, 혼자라는 깊은 공포감도 경험해본 사람만이 알 것이다.

예수님을 인격적으로 만나고 나서는 줄곧 하나님께서 나를 기뻐하시지 않는 불순종을 제거하는 삶을 살았다. 그렇게 20년 이상을 살았더니 '하나님께서 이것을 좋아하실까?' 하는 질문이 몸에 배어 있다. 그리고 조금이라도 하나님이 싫어하시면 즉각 정리한다. 당장 죽을 것 같아도 하나님이 기뻐하시면 해야 하고, 누가 뭐라고 해도 하나님이 싫어하시면 하지 말아야 한다. 그것이 관계를 지키고, 나를 지키는 길이다.

원수의 길잡이

예수님을 팔았던 예수님의 제자에 대해서 사도행전은 그가 예수를 잡는 자들의 길잡이였다고 말하고 있다. 분명히 그는 예수님께 선택받은 사람이었다. 그럼에도 그는 예수님을 죽이려는 사람들에게 돈을 받고 예수님을 팔았고 그들의 길잡이 노릇을 했다.

형제들아 성령이 다윗의 입을 통하여 예수 잡는 자들의 길잡이가 된 유다를 가리켜 미리 말씀하신 성경이 응하였으니 마땅하도다 ^{행 1:16}

예수님은 괴로워하시면서 자신을 팔 자에 대해서 말씀하셨고, 여러 번 권면하셨으나, 그는 자신의 선택을 돌이키지 않았다. 예수님께서 십자가를 지신 후에야 자신이 저지른 일이 무엇인지 깨달았다. 항상 그렇다. 원수에게 붙잡혀서 일을 그르친 사람들은 신기하게도 일이 명확하게 정리되고 나서야 자신이 무슨 일을 했는지 깨닫는다. 더욱 심한 사람은 자신이 무슨 일을 했는지 결코 인정하지 않고 더욱 악하게 되는 경우도 있다. 그는 후회했지만 이미 돌이킬 수 없었고, 결국 목을 매는 것으로 삶을 마감했다. 비참한 일이다.

원수에게 붙잡힌 사람의 최후는 이렇다. 결코 선한 일이 그의 삶에 일어나지 않는다. 원수에게 붙잡혔다는 것은 결국 예수님을 대적하고 파는 일이다. 많은 영적 지도자들이 자신의 실수에 대한 지적을 예수님을 대적하는 것으로 몰아가면서 자신을 방어하기 때문에 정말로 원수가 하는 일에 대해서도 분별하기가 어려운 실정이다.

아마도 나의 내면에도 나를 공격했던 사람들에 대하여 원수가 공격한 것으로 이해하고 있는 부분이 있을 것이다. 바람직하지 않다. 나도 얼마든지 원수의 공격에 노출되어 길잡이 노릇을 할 수 있기 때문이다. 시간이 지나면 명확해진다. 하나님께서 보여주신다. 일의 정확한 진상이 무엇이며, 누가 하나님의 사람이고 원수의 길잡이였는지를…. 다만 그 시간을 기다리는 것이 고통스럽다.

두 가지가 궁금하다. 하나는 가룟 유다를 선택하신 분이 예수님이신데 왜 그가 원수의 길잡이가 되어 예수님을 팔았는가 하는 것이다. 예수님이 선택하셨어도 원수가 사람을 공격하면 어쩔 수 없는 것인가? 이런 부분에서 예수님의 신성(神性)에 대한 의문으로 가는 사람들은 믿음이 어린 사람들이다.

아직 살아계신 예수님을 만나지 못해서 조금만 자기 생각에 맞지 않으면 의심부터 하고 보는 연약하고 철없는 믿음, 그런 것에 신경 쓰지 말자. 왜 가룟 유다는 자신의 선택을 원수에게 맡기게 되었을까? 하나님의 인도하심과 원수의 공격에 대한 사람의 선택이 궁금하다.

또 한 가지 의문은 이것이다.

'예수님께서 친히 이끄신 공동체 안에서도 이렇게 원수에게 붙잡힌 사람이 나왔다면 기독교 역사 안의 모든 교회들이 공격에 노출되어 있는 것은 아닌가?'

이는 성경적인 근거가 있는 듯하다. 아나니아와 삽비라에 대해서 베드로는 그들 안에 사탄이 가득하다고 말했다.

베드로가 이르되 아나니아야 어찌하여 사탄이 네 마음에 가득하여
네가 성령을 속이고 땅 값 얼마를 감추었느냐 _{행 5:3}

초대교회의 가장 아픈 부분에 있어서도 원수는 결정적인 역할을
했다. 그렇다면 원수의 공격으로부터 자유로운 교회는 없다는 것
이 성경적인 결론인가? 만약에 가룟 유다가 처음부터 예수님을 팔
생각이었다면, 그런 생각을 감추고 예수님을 감시하기 위해 제자
가 되었다면, 예수님께서 선택하셨을지 의문이다. 아마도 처음에
는 예수님을 따랐으나 어느 시점에서 자신의 생각과 다른 예수님
을 불신하고 결국은 예수님을 팔기로 한 것이 아닌가 싶다.

넘어지는 사람

제자 중 하나로서 예수를 잡아 줄 가룟 유다가 말하되 이 향유를 어
찌하여 삼백 데나리온에 팔아 가난한 자들에게 주지 아니하였느냐
하니 이렇게 말함은 가난한 자들을 생각함이 아니요 그는 도둑이라
돈궤를 맡고 거기 넣는 것을 훔쳐 감이러라 _{요 12:4-6}

예수님께서 베다니에 계실 때 예수님을 위한 잔치가 열렸고, 마

르다의 자매인 마리아가 비싼 향유를 가져다가 예수님의 발에 부었다. 온 집 안에 향유 냄새가 가득했다. 이때 가룟 유다는 비싼 향유를 발에 부은 것에 대해서 가난한 사람들을 이유로 들며 비난했다. 예수님께서 마리아가 향유를 부은 것이 자신의 장례를 위한 준비였다는 말씀을 하셨음에도 그는 동의하지 않았다.

가룟 유다가 그렇게 행동한 것은 가난한 사람들 때문이 아니라 돈에 대한 욕심 때문이었다고 요한은 분명하게 말해준다. 더욱 분명하게 가룟 유다는 도둑이라고 말한다. 아마 예수님을 팔기 전부터 그는 돈을 맡고 있는 지위를 이용해 돈을 훔치기도 했던 것 같다. 향유 사건은 가룟 유다가 공금을 횡령하지 못한 사건이다.

그는 언제부터 돈을 훔쳐가기 시작했을까? 언젠가 글에 쓴 적이 있지만 난 공금에 민감한 편이다. 나 자신에게도, 다른 사람에게도 그렇다. 교회를 섬길 때 교회의 재정을 맡은 사람을 늘 걱정한다. 아무리 그 사람이 깨끗해도 원수가 반드시 돈을 매개로 그를 공격할 것을 알기 때문이다. 사람의 깨끗함과 상관없다. 전쟁이 있는 것이다. 전쟁을 모르면 속아 넘어간다. 전쟁을 모르는 어리석음은 불쌍하지만 용납할 수는 없다.

교회 재정은 주로 전도와 소그룹 운영비로 사용되었다. 영수증도 없이 각자 필요한 만큼 가져갔고 특별히 간섭도 하지 않았다.

아마 사람들은 알지 못했을 것이다. 교회에서 사례도 받지 않았고, 공금을 개인적으로 사용한 적이 없었고, 각 소그룹에서 재정을 어떻게 하는지도 모르는 내가 재정에 대한 평화로운 집행이 무너질까 얼마나 염려하고 기도했는지를….

사람은 다 거기서 거기다. 깨끗해도 교만하고, 착해도 고집스럽고, 민첩하면 교활하고…. 중요한 것은 원수의 공격이다. 돈을 통해 사람과 공동체를 무너뜨리는 원수의 공격이 항상 문제가 된다. 가룟 유다가 예수님을 팔게 된 출발은 돈에 대한 원수의 공격을 막아내지 못한 것이다. 그가 예수님을 은 삼십에 팔았다는 것은 의미심장하다. 그는 돈에 약한 사람이었고, 그 부분에 격렬한 전쟁이 있었을 때 넘어졌다.

열둘 중의 하나인 가룟인이라 부르는 유다에게 사탄이 들어가니

눅 22:3

그가 돈을 훔쳐가는 것을 예수님도 아셨을 것이고, 그로 인해 많이 괴로우셨을 것이다. 돈을 훔치는 것을 시작으로 결국 예수님을 팔기까지 그가 공동체에 가한 공격이 얼마나 예수님을 힘들게 했겠는가.

예수님을 죽이려고 모의하는 바리새인과 서기관과 대제사장들

은 어떤 면에서 이해할 수 있다. 그들은 본래 예수님을 싫어했고, 그분이 행하신 착한 일에도 동의한 적이 없었다. 그러나 가룟 유다는 다르다. 그는 예수님과 동고동락했던 제자가 아닌가! 이는 무엇보다 평화로워야 할 공동체 안에 원수가 있다는 것이다. 요한복음에서 예수님은 가룟 유다가 마귀라고 말씀하신다. 그 내용이 언급된 부분이 의미가 있다.

> 예수께서 대답하시되 내가 너희 열둘을 택하지 아니하였느냐 그러나 너희 중의 한 사람은 마귀니라 하시니 요 6:70

돈을 훔치는 구체적인 행동을 저지르기 전의 유다의 내면이 궁금하다. 원수에게 붙잡혀서 마귀가 되는 과정을 알 수 있다면 넘어지지 않을 수도 있을 것 같다는 생각이 든다.

> 그때부터 그의 제자 중에서 많은 사람이 떠나가고 다시 그와 함께 다니지 아니하더라 예수께서 열두 제자에게 이르시되 너희도 가려느냐 요 6:66,67

오병이어의 기적으로 사람들은 예수님을 억지로 임금 삼으려고 했다. 예수님은 자신의 본질을 밝히심으로써 사람들의 기대에서 벗어나셨다. 자신은 하늘에서 내려온 생명의 떡이며, 그 떡을 먹어야 영생한다고 말씀하셨을 때 제자들이 수군거렸고, 믿지 않는 사람이 생겨났다. 그런 사람들이 많이 떠나갔는데 아주 무서운 사람은 계속 남았다.

열두 제자에게 예수님께서 "너희도 가려느냐?" 하고 물으신 것을 보면 분명히 열두 제자들도 동요한 것 같다. 가룟 유다가 그때 떠났다면 어떻게 되었을까? 예수님이 말씀하신 대로 예수님은 기록된 말씀을 이루시지만 어쩌면 유다는 원수에게 이용당하지 않을 수도 있지 않았을까.

> 그러나 너희 중에 믿지 아니하는 자들이 있느니라 하시니 이는 예수께서 믿지 아니하는 자들이 누구며 자기를 팔 자가 누구인지 처음부터 아심이러라 요 6:64

사람들이 썰물처럼 빠져나갈 때, 불신이 가득할 때, 오병이어 기적의 승리가 아무런 의미가 없어졌을 때, 넘어지는 사람이 나온다. 조용히 떠나가면 괜찮은데 반드시 예수님을 파는 적극적인 사람이 나온다.

관계의 틈

가룟 유다를 통해서 우리가 배워야 할 것이 있다. 전쟁을 알아야 전쟁에서 이길 수 있기 때문이다. 세 명이 길을 걸어가면 그 중에 한 사람은 내 선생이 될 수 있다. 좋은 가르침을 주는 선생도 있고, 그와 같이 하면 안 되겠다는 가르침을 주는 선생도 있다. 유다는 우리에게 반면교사이다.

그의 가장 큰 문제점은 예수님이 누구신지에 대해서 동의하지 않았다는 것이다. 예수님은 우리의 구원자이시고, 그분을 믿어야 영생을 얻는다는 가르침을 그는 믿지 않았다. 자연스럽게 예수님의 다른 가르침에 대해서도 신뢰하지 않았다. 예수님께서 마리아가 예수님의 장례를 준비한 것이라 해도 그는 오직 자신의 돈에 대한 욕심과 그 욕심을 가리기 위한 방패로 가난한 사람들을 언급했다. 예수님과의 관계 안에 불신이 들어오면 예수님의 모든 가르침에 대해서 불신하게 된다.

우리의 믿음은 예수님과의 관계 안에 있다. 믿음으로 의로워진다는 것은 예수님을 믿음으로 우리의 죄가 용서를 받았다는 것이다. 믿음으로 의롭게 된 사람은 하나님의 자녀가 되어 하나님과 의로운 믿음의 관계 안에 들어갔다는 것을 알아야 한다. 믿고 용서받고 잊어버리는 관계가 아니다. 믿음으로 의로워져서 하나님 아버지와 함께 자녀로서 믿음의 관계, 의로운 관계를 지속해나가야 한다. 그것은 율법적인 의무가 아니라 아버지의 사랑과 그 사랑을 받은 자녀의 아버지를 향한 사랑의 친밀함이다.

예수님을 믿는다면 예수님과의 친밀한 관계, 틈이 없는 신뢰의 관계를 항상 구축해야 한다. 원수가 노리고 공격하는 부분이 바로 이 지점이다. 어떻게든 예수님과 친밀한 신뢰 관계를 구축하지 못하도록 한다. 관계에 틈이 생기면 그 틈은 점점 더 커지고, 결국 원수가 자기 마음대로 우리를 공격할 수 있는 통로가 된다.

항상 관계를 점검하고 틈이 생기지 않도록 해야 한다. 틈이 생기는 원인은 대부분 나의 욕심 때문이다. 왜 사람들이 예수님을 믿지 않았는가? 왜 제자들이 수군거렸는가? 왜 가룟 유다가 예수님을 믿지 않았는가? 그것은 자신들이 생각했던 예수님이 아니었기 때문이다. 떡을 주는 분이 아니라 생명의 떡을 주는 분이라는 말씀, 썩는 양식을 위해 일하지 말라는 말씀은 사람들로 하여금 예수님을 불신하게 만들었다.

우리도 우리가 원하는 예수님과 예수님이 말씀하시는 예수님 사이에 간격이 있다면 언제든 넘어질 수 있다는 것을 알아야 한다. 문제는 넘어졌는데도 가룟 유다처럼 공동체 안에서 계속 죄를 지으면서 예수님을 팔아넘길 기회를 찾는다는 것이다. 그는 자신이 예수님을 팔 자인 것을 절대로 밝히지 않았다. 그래서 다른 제자들은 누가 그런 자가 되는지 궁금해하고 두려워했다.

다 앉아 먹을 때에 예수께서 이르시되 내가 진실로 너희에게 이르노니 너희 중의 한 사람 곧 나와 함께 먹는 자가 나를 팔리라 하신대 그들이 근심하며 하나씩 하나씩 나는 아니지요 하고 말하기 시작하니

막 14:18,19

만약 우리가 스스로를 점검하고 돌이킨다면 언제든 기회가 있다. 가룟 유다의 특징 중 하나는 그가 예수님께서 십자가에서 죽으실 때까지 결코 돌이키지 않았다는 것이다. 예수님께서 여러 번 가르치셨음에도 그는 끝까지 자신의 생각을 버리지 않았다. 아무리 완벽한 사람이라 해도 원수의 공격에 노출될 수 있다. 심지어 위대한 사도 베드로에게 예수님께서 말씀하시기를 사탄이 그를 공격할 것이라고 하시지 않았는가!

시몬아, 시몬아, 보라 사탄이 너희를 밀 까부르듯 하려고 요구하였으나 그러나 내가 너를 위하여 네 믿음이 떨어지지 않기를 기도하였노니 너는 돌이킨 후에 네 형제를 굳게 하라 눅 22:31,32

베드로는 예수님을 저주하며 부인했으나 돌이켰다. 돌이킴이 중요하다. 원수의 공격을 아예 모르거나 공격에 넘어졌는데도 계속 자신의 뜻을 고집하는 것은 멸망으로 가는 길이다. 예수님과 정말

멀어지는 길이다. 전쟁을 모른다고 용서되는 것이 아니다. 자기 고집으로 자신의 영혼을 지킬 수 있는 것이 아니다. 오직 살아계신 하나님 앞에서 겸손하게 자신을 돌아보는 것이 자신을 지키는 길이다. 전쟁에서 넘어졌으면 우리는 베드로처럼 돌이켜야 한다. 다시 믿음으로.

믿음이 있으나 전쟁에서 지는 것과 전쟁에서 졌다고 믿음을 버리고 적과 한편이 되는 것과는 천국과 지옥만큼이나 다르다. 문제는 적과 한편이 된 가룟 유다의 모습이 아주 자연스럽다는 것이다. 미쳐서 날뛰는 게 아니라 불신 가운데 자신의 의로움을 꺾지 않고, 뒤로 죄를 지으면서 기회를 엿보고 있다. 전쟁은 아주 자연스러운 불신 가운데 일어나는 분열이다. 전쟁에는 합당한 이유가 있다. 단지 믿음이 없을 뿐이다.

예수님을 불신하는 일은 언제든 우리 안에 생길 수 있다. 모른 척하지 말자. 자신을 속이지 말자. 아나니아와 삽비라처럼 성령을 속이려 들지 말자. 정직하자. 그런 불신으로 우리가 예수님과의 관계를 얼마나 자주 소원하게 했는지도 인정해야 한다. 그런 소원한 관계 안에서 예수님을 향한 우리의 믿음이 매우 나약하고 보잘것 없기에 원수가 그런 믿음을 우습게 아는 것이다. 예수님을 향한 신뢰가 약해지는 것이 전쟁의 출발이다.

전쟁은 정체성의 문제다

지금까지의 내용을 보았다면 알았을 것이다. 전쟁이 무슨 뿔 달린 적과 뿅망치로 싸우는 놀이가 아니라는 것을. 전쟁은 예수님을 예수님 되지 못하게 하는 것이며, 예수님으로 하여금 썩는 양식을 위해 일하시게 만들려는 것이다.

만약 바리새인들의 요구대로 예수님께서 안식일에 병을 고치시지 않았더라면 많은 긴장을 없앨 수 있었을 것이다. 안식일이 아닌 다른 날에 고쳐달라는 사정에 가까운 그들의 요구를 예수님께서 끝까지 들어주시지 않았던 것은 예수님이 안식일의 주인이라는 걸 말씀하시고 싶었기 때문이다.

그것은 단순히 어느 날에 병을 고칠 것인가 혹은 안식일에 대한 바리새인들의 이해를 교정하는 차원을 넘어선다. 이는 예수님의 정체성, 하나님이신 예수님에 대해서 분명하게 증거하시는 일이었다. 예수님은 사소한 일이라도 자신의 정체성과 사명에 관한 것이라면 타협이 없으셨고, 가끔은 불같이 화를 내기도 하셨다.

베드로가 예수님께 십자가를 지시지 않도록 부탁했을 때 베드로의 입장에서는 아무런 악의가 없었다. 그저 예수님을 보호하려는 것이었고, 어쩌면 마음 깊숙한 곳에서 자신을 보호하려는 의도가 있었는지 모른다. 그러나 결코 하나님의 사역을 방해하려는 의도는 없었을 것이다. 그럼에도 예수님은 "사탄아, 물러가라!"라고 하셨다.

예수님께 그런 심한 꾸중을 듣고도 믿음이 사라지지 않은 베드로도 훌륭하다고 하겠다. 예수님께서 평소와 달리 준엄하게 그를 꾸짖으신 이유가 무엇인가? 그것은 예수님을 예수님 되게 하는 핵심이었기 때문이다. 십자가를 지시고 우리를 구원하러 오신 예수님의 사명을 방해하는 것은 사탄이라고 규정하셨다. 설사 그가 베드로라 할지라도.

또 성전에서 물건을 사고파는 사람들을 때리시고 상을 엎으신 이유가 무엇인가? 성전보다 더 크신 예수님이 성전은 기도하는 집이 되어야 한다고 생각하셨기 때문이다. 정체성을 잃어버린 사람들과 성전을 향해 예수님은 분명하게 채찍을 드셨다.

정체성과 사명은 눈에 보이는 것이 아니라서 분명하지 않기 때문에 한순간에 잃어버릴 수 있다. 성전에서 물건을 팔고 돈을 바꾸는 사람들이 처음부터 성전의 정체성을 훼손할 생각은 아니었을 것이다. 베드로가 그랬던 것처럼…. 그들은 단지 멀리서부터 짐승을 끌고 오는 불편함 대신 성전에 와서 돈을 주고 사서 편리하게 제사를 드리고 싶었을 뿐이다. 단순하게 시작된 일들이 결국은 성전이 기도하는 집이라는 정체성과 사명을 놓치게 만들고, 장사하는 곳으로 만들어버렸다.

영적전쟁은 이렇게 사소하게 일어나서 결국은 본질을 잃어버리게 한다. 눈에 보이는 어떤 것에 집착해야 정체성과 사명을 지킬 수 있는 것 또한 아니다. 모든 상황에서 우리를 인도하실 수 있는 하나님의 뜻을 따르는 것이 정체성과 사명을 지키는 일이다. 사람은 언제나 눈에 보이는 것과 자신의 편리함에 치우친다. 이 치우침이 신앙에서는 중요한 문제가 된다. 좌로나 우로나 치우치지 말라는 것은 그런 이유 때문일 것이다.

옳고 그름은 비교적 분명하게 모두가 알 수 있다. 그러나 치우치는 것은 문제가 분명해지기 전까지는 잘 알 수 없다. 치우침은 살아계신 하나님을 인격적으로 따라갈 때만 막을 수 있다. 말씀을 읽고 기도를 하면서 신앙생활을 할 때 우리는 살아계신 하나님의 성품과 그 인격에서 벗어나지 않도록 해야 한다.

원수는 우리를 사소한 일 속에서 점점 치우치게 하고, 결국 정체성과 사명에 문제가 일어나도록 만든다. 무엇보다 하나님께서 우리 아버지이신 것과 우리의 주인이시라는 사실에서 치우침이 없어야 한다. 아버지 되신 하나님에 치우치면 신앙의 엄격함이 사라진다. 자신의 뜻대로 해도 하나님은 나를 사랑하신다고 잘못 알게 된다. 어떤 소원도 들어주시고 자녀 때문에 애달파하시는 하나님만을 알게 된다. 하나님을 경외함이 사라진다.

반면에 하나님이 우리의 주인이시고, 우리는 하나님의 종이 되었다는 사실만을 강조하면 하나님을 향한 자연스러운 친밀함이 사라진다. 하나님을 무서워하여 신앙의 진실함과 자연스러움이 사라질 수 있다. 사람은 치우친다. 자신을 믿지 말고 아버지 되신 하나님과 주인 되신 하나님 사이에서 균형을 잘 이루어야 한다. 그것이 우리의 정체성이다.

죄를 짓는 우리 자신의 어두움과 한없는 용서를 베푸시는 예수님의 밝음 사이에 투쟁이 공존하는 것이 우리의 신앙이다. 사실은 인생도 그런 것 같다. 밝은 면을 강조하는 사람이 있고, 어두운 부분을 강조하는 사람들이 있다. 무엇을 강조하든 치우치면 안 된다.

관계의 주도권이 예수님께 있다는 것을 인정하고, 모든 상황에서 부드럽게 순종하면 관계의 균형을 지킬 수 있다. 사람은 치우치지만 예수님은 완전하시다. 그러므로 항상 예수님을 따르면서 자신을 신뢰하지 않는 사람, 관계의 주도권을 예수님께 완전히 넘겨드린 사람은 겸손함으로 치우침을 막을 수 있다. 치우치지 않으려는 것이 전쟁이다. 치우친 것은 전쟁에서 이미 진 것이다.

실망과 의심

적과 싸울 때 높은 곳에 진지를 구축하고 적을 내려다보면서 싸울 수 있다면 승리할 수 있다. 언제 어디서 전쟁이 일어나든 믿음의 진지를 구축하고 적을 보면서 공격적으로 전투를 치러야 한다.

전쟁이 일어나는 모든 상황에서 어떻게 믿음의 진지를 구축할 수 있는지 훈련된다면 전쟁을 내가 원하는 방향으로 이끌고 승리할 수 있을 것이다.

이에 그들이 제자들에게 와서 보니 큰 무리가 그들을 둘러싸고 서기관들이 그들과 더불어 변론하고 있더라 온 무리가 곧 예수를 보고 매우 놀라며 달려와 문안하거늘 예수께서 물으시되 너희가 무엇을 그들과 변론하느냐 무리 중의 하나가 대답하되 선생님 말 못하게 귀신 들린 내 아들을 선생님께 데려왔나이다 막 9:14-17

아들이 원수에게 붙잡혀 고생하고 있던 사람이 아들을 제자들에게 데려왔으나 고치지 못하고 무리들에게 둘러싸인 상황에서 서기관들과 변론이 일어났다. 사람들이 예수님을 보고 놀라서 왔는데 반가워서 놀랐기보다는 아주 당황스럽고 어려운 상황이다. 이 상황에 직접 있지 못했으므로 정확히 알 수는 없으나, 해석해보자면 이렇게 말할 수 있을 것이다.

아들 때문에 평생 고생해온 아버지가 예수님에 대한 소식을 들었고 자신의 문제를 해결하고자 제자들에게 아들의 치유를 부탁했는데 잘 되지 않았다. 이때 아버지는 예수님의 꾸중대로 아들을 고칠 만한 믿음이 없는 상태였다. 아들 때문에 시달려 지친 이 사람에게는 믿음은 없고 오직 아들을 고치기 원하는 소원만 있다. 그래서 제자들이 자신의 아들을 고치지 못했을 때 그의 마음은 쉽지 않았을 것이다. 이러한 상태는 어떤 능력도 일어날 수 없게 만든다. 실망에서 나오는 의심은 정말로 힘이 세서 모든 좋은 일이 일어날 소지를 차단한다. 믿음의 반대말은 의심이다. 그 의심 중에서도 자기 뜻이 이루어지지 않아 실망한 상태에서 나오는 의심은 강력하다.

이런 사람이 한 명만 있어도 사역은 엉망이 된다. 자신의 믿음 없음을 알지 못하고 실망만 한다. 실망으로 끝나면 다행인데 반드시 누군가를 향한 원망으로 마음은 흘러간다. 원망은 모든 신뢰 관계를 깨트린다. 이런 사람의 공격을 받으면서 기적을 일으킬 수 있는 제자는 없다. 아마도 제자들은 아들을 고치려다 고치지 못한 아버지의 실망을 직접 겪어야 했을 것이다.

그 아들의 아버지는 예수님을 향한 믿음에도 문제가 생겼다. 예수님을 향한 믿음도, 실망과 의심도 모두 마음의 내용이다. 예수님을 신뢰하는가 불신하는가 하는 마음의 내용에 따라 기적이 일어나기도 하고 절대 일어나지 않기도 한다.

아픈 아들의 아버지와 그 아들을 고치지 못한 제자들의 난처한 상황이 떠오른다. 아마도 제자들은 아이를 고칠 수 있을 것이라고 생각한 것 같다. 나중에 예수님께 왜 자신들은 원수를 쫓아낼 수 없었냐고 묻는 것은 가르침을 받고자 하는 질문이 아니라 그들이 겪은 당황스러운 상황에 대한 대처 방법을 물은 듯하다. 다시는 이런 창피한 상황을 겪지 않을 방법이 무엇인가 하는….

조용히 물었다고 하는데 그 조용함은 어쩐지 자신들의 상태를 인정하는 게 아니라 방어하면서 다음에는 그런 일을 겪지 않을 방법을 묻는 것 같다.

> 집에 들어가시매 제자들이 조용히 묻자오되 우리는 어찌하여 능히 그 귀신을 쫓아내지 못하였나이까 막 9:28

그들은 아직도 믿음에 관한 이해로 나아가는 것이 아니라, 자신들의 능력에 관한 문제라고 생각하고 있다. 예수님은 분명히 믿음이 아니고서는 아이를 고칠 수 없다고 말씀하셨다. 전쟁에서 승리하는 것은 어떤 사람의 능력에 달린 문제가 아니라, 예수님을 얼마나 믿는가 하는 것에 달렸다.

믿음의 진지가 없다는 것은 마음을 잘못 먹은 것이다. 아픈 아들의 아버지처럼 믿음이 없이 소원만 있거나 제자들처럼 믿음이 아니라 자신이 무언가 할 수 있다는 마음 같은 것이다. 이런 마음의 상태, 믿음이 없는 상태로는 적과 싸워서 이길 수 없다. 믿음이 없는 것은 진지가 없이 적과 싸우는 군인과 같다. 적에게 완전히 노출되어 공격의 표적이 된다. 자신을 방어하지 못하고 공격을 받는다. 방패가 없는 군인이다.

에베소서 6장에는 구원의 투구, 믿음의 방패, 성령의 검이 나온다. 믿음은 군인을 보호하고 적을 공격할 수 있는 방패요, 진지가된다. 진지를 구축한다는 것은 마음의 상태가 예수님을 향하여 믿음으로 견고한 상태이다. 어떤 문제가 일어나도 마음이 믿음 없이높아지거나 무너지거나 하지 않고 예수님께 딱 붙어 있는 것이다.

제자들은 원수를 쫓아낼 수 있는 믿음의 상태가 아니었다. 서기관들은 그런 상황을 놓치지 않았다. 뭔가 문제가 있어도 만약 원수가 쫓겨났다면 문제는 다른 방향이 되었을 것이다. 그러나 자신에게 능력이 있는 것처럼 착각했던 믿음 없는 제자들은 원수를 쫓아내지 못했고, 서기관들은 그런 제자들의 모습을 여지없이 공격했다. 이런 상황을 피부로 느낄 수 있는 것은 아마도 내게도 그런 경험이 있기 때문일 것이다.

어떤 집회에 갔을 때 사람들이 설교를 잘하는 사람이 왔으니 무언가 도움을 받을 수 있을 거라는 표정으로 나를 응시했다. 그런분위기에 현혹되어 '그래, 설교를 잘해서 무언가를 보여주자' 하면설교는 완전히 엉망이 된다. 더군다나 무언가를 보여주기 위해서조금이라도 무리수를 두면 반드시 실수가 나오게 되고, 그 틈에 사람들에게 공격을 받게 된다. 그들은 결코 그 틈을 놓치지 않는다. 아주 냉정하게 상황을 지켜보다가 점점 표정이 굳어진다. 설교자와 한 공간에 있기는 하지만 그 마음은 매우 완고하다. 그런 분위기에서 설교하는 것은 정말 힘들다.

설교자가 설교를 잘해보기 위해 설치한 어떤 장치에도—예를 들어 유머라든가 감동적인 삶의 내용이라든가—미동도 하지 않으면서 자신의 확신을 굳히기 위한 단어와 내용을 찾고 있는 사람들 앞에서 설교하는 것은 사자 굴에 들어간 것과 같다. 그런 때는 오직 죽지 않기만을 바라야 한다.

원수의 공격은 어두움 속에서 날아오는 주먹이다. 어차피 공격을 피할 수 없다면 밟고 가야 한다. 나의 믿음이 약한 곳에서 끊임없이 전쟁이 일어난다. 전쟁의 주인이 하나님이심을 믿어야 한다. 위로부터 부어지는 평강으로 마음을 지키라.

Chapter 07

믿음은
관계다

믿음의 진지 구축

예수님은 제자들이 귀신 들린 소년을 고치지 못한 것은 믿음 때문이라고 말씀하신다. 처음부터 예수님은 이 상황을 믿음에 관한 문제로 규정하시면서 믿음이 없는 아버지와 제자들 그리고 무리를 향해 꾸짖으셨다.

대답하여 이르시되 믿음이 없는 세대여 내가 얼마나 너희와 함께 있으며 얼마나 너희에게 참으리요 그를 내게로 데려오라 하시매 막 9:19

예수께서 이르시되 할 수 있거든이 무슨 말이냐 믿는 자에게는 능히

하지 못할 일이 없느니라 하시니 막 9:23

예수님은 믿음이 있으면 능히 못할 일이 없다고 분명하게 말씀하신다. 믿음이 없으면 아무것도 할 수 없다. 하나님께서 일을 행하시지 않는다. 믿음이 있으면 모든 일을 할 수 있다. 사람의 믿음을 보시고 하나님께서 모든 일을 이루시기 때문이다. 분명히 제자들은 예수님을 믿고 있었다.

그리고 아픈 아들의 아버지도 예수님을 믿기 때문에 아들을 데려왔을 것이다. 그런데도 예수님은 믿음이 없는 자들이라고 책망하셨다. 아픈 아들을 고치고, 원수를 쫓아내는 믿음이 필요하다. 모든 것을 가능하게 할 수 있는 믿음을 구축하기 위해서는 두 가지가 필요하다.

1. 예수님과 항상 믿음의 관계를 구축하라

예수님을 믿는다는 것은 살아계신 예수님을 믿는 것이다. 우리의 믿음은 살아계신 예수님과의 깊은 신뢰 관계인 것이다. 예수님과의 관계가 친밀하지 못하고, 예수님보다 더 좋아하고 원하는 것이 생겼거나, 어려운 일이 생겨서 관계가 전과 같지 않다면 믿음이 상당히 타격을 입은 상태일 것이다. 그런 믿음으로 살다가 어느 날 문제가 생기면 그것을 해결할 수 없게 된다. 예수님을 향한 믿음의 관계가 문제를 해결할 만큼이 아니기 때문이다.

믿음은 예수님과의 관계 안에 있는 것이다. 관계가 약해지면 믿음이 약해지고 그런 약한 믿음으로는 어려운 삶의 문제를 해결할 수 없다. 예수님과 평소에 믿음의 관계를 잘 구축하고 있는 것이 원수의 공격에 대한 가장 좋은 대처 방법이다. 믿음의 진지는 살아 있는 예수님과의 깊은 신뢰 관계를 말한다.

예수님과의 관계가 살아있고, 믿음이 살아있다면 어떤 상황도 우리의 마음을 무너뜨리지 못한다. 마음이 무너지면 믿음이 없어진다. 내가 해결할 수 없는 어려운 상황이 내 마음을 붙잡고 믿음을 없애버린다. 원수의 공격은 어두움 속에서 날아오는 주먹이다. 불시에 일격을 당하게 된다. 나름 오래 준비한 공격이기 때문에 사람을 상당히 당황스럽게 한다. 준비가 되어 있지 않은 사람은 순식간에 마음이 무너지고 원망함으로써 원수가 원하는 상황에 떨어지게 된다. 아무리 어려워도 절대로 원수를 즐겁게 만들어서는 안 된다.

당황스러운 상황에서 아무리 견고한 사람이라도 마음이 어려울 수 있다. 그것은 정상적인 것이다. 어려운 상황 때문에 마음이 힘들 때 피할 수 있는 것이 예수님과의 관계이다. 하나님은 우리의 피난처가 되신다. 환난 날에 우리의 방패요 산성이 되신다. 어려울 때 피할 수 있는 관계를 평소에 구축했다가 어려움이 오면 그 마음 그대로 예수님께 가면 된다. 반드시 힘을 얻고 새로워진다. 문제가

다 해결되지 않아도 마음 안에 문제보다 더 큰 믿음이 생겨서 그 문제를 믿음으로 보게 되는 것이다.

2. 믿음으로 마음을 고백하라

어려운 상황 때문에 생긴 마음들, 믿음이 공격받는 어려운 마음의 내용들을 하나님 앞에서 진실하게 말하고 그 마음을 새롭게 해야 한다.

하나님은 우리의 상황을 모두 알고 계신다. 믿음으로 우리의 마음을 고백할 때, 괴로운 마음에 주시는 하나님 아버지의 위로와 격려는 크다. 상황을 넘어선 새로운 소망, 괴로운 마음을 믿음으로 바꾸시는 하나님 아버지의 따뜻한 마음을 경험해야 한다. 세상은 모르지만 하나님과 나만 아는 따뜻하고 행복한 순간이 삶의 골방에서 일어나야 한다. 마음에서 일어나야 한다.

이 정도 상황이 되면 거의 진지를 구축한 것이다. 이제 문제를 내려다보면서 믿음의 공격을 하면 된다. 원수가 물러가도록 믿음의 한 방을 날리는 것이다.

전쟁을 치를 때마다 믿음은 더욱 견고해지고, 하나님과의 관계도 돈독해진다. 어떤 일도 더는 하나님과의 관계에 나쁜 영향을 줄 수 없다. 문제가 생기면 오히려 더욱 하나님께 매달리게 된다. 그러면 원수는 아주 당황한다. 어떤 공격을 해도 더욱 믿음이 좋아지니 얼마나 괴롭겠는가!

믿음의 군화를 신고 잡초를 밟으며 가야 한다. 잡초를 피해 이리저리 밟아도 상처는 피할 수 없다. 그럴 때는 튼튼한 믿음의 군화를 신고 가야 한다. 악한 원수는 우리 의도대로 움직이지 않는다. 그 악함에서 아무렇게나 우리를 공격한다. 믿음이 좋든, 좋지 않든, 원수는 어떤 사람이든 사망으로 공격을 가한다. 어차피 공격을 피할 수 없다면 밟고 가야 한다.

견고한 믿음은 모든 전쟁을 방지하고 승리하게 한다. 강한 군대는 전쟁을 억제할 수 있다. 약하면 계속 공격을 받는다. 전쟁은 나의 믿음이 약한 곳에서 끊임없이 일어난다. 견고한 진을 구축하기 전까지는 전쟁을 쉴 수 없다. 믿음의 견고한 진을 삶의 곳곳에 설치하고, 적을 내려다보고 밟아버리자.

전쟁을 치르는 교회

바울은 예루살렘으로 올라가기 전 밀레도에서 에베소교회 장로들을 초청하여 마지막 말을 남긴다. 그는 우리가 익히 아는 대로 예루살렘에 올라가서 붙잡히고 죄인이 되어 로마로 압송을 당한다. 많은 사람들이 눈물로 예루살렘에 가지 않도록 권면했으나 바울은 복음을 위해 자신의 목숨을 버릴 각오를 한 상태였다. 많은 수고를 함으로 개척한 교회의 장로들 앞에서 하는 그의 마지막 말이 심상치 않다.

여러분은 자기를 위하여 또는 온 양 떼를 위하여 삼가라 성령이 그들 가운데 여러분을 감독자로 삼고 하나님이 자기 피로 사신 교회를 보살피게 하셨느니라 내가 떠난 후에 사나운 이리가 여러분에게 들어와서 그 양 떼를 아끼지 아니하며 또한 여러분 중에서도 제자들을 끌어 자기를 따르게 하려고 어그러진 말을 하는 사람들이 일어날 줄을 내가 아노라 행 20:28-30

하나님이 자기 피로 사신 교회이다. 성령께서 감독자들을 세우신 교회이다. 복음을 향한 열정으로, 기독교 역사상 가장 탁월한 사역자였던 바울이 수고로 개척한 교회이다. 그런데 이 교회에 사나운 이리가 들어온다는 것이다. 아무리 훌륭한 교회라도 이리의 공격으로 양떼를 빼앗길 수 있다. 교회는 사나운 이리의 공격을 받는다. 교회의 지도자로 세움을 받은 사람은 이러한 공격에 대한 이해와 처리 방법에 능숙해야 한다. 예수님도 이에 대해 말씀하신 적이 있다.

거짓 선지자들을 삼가라 양의 옷을 입고 너희에게 나아오나 속에는 노략질하는 이리라 마 7:15

이리는 자신의 이익을 위해 복음을 변개시킨 사람들, 거짓 선지자들을 가리킨다. 이리는 양을 물어간다. 교회의 지도자들은 이러한 공격에서 양을 지켜야 하며, 때로 그것은 예수님이 말씀하신 대로 목숨을 거는 문제가 된다.

나는 선한 목자라 선한 목자는 양들을 위하여 목숨을 버리거니와 삯꾼은 목자가 아니요 양도 제 양이 아니라 이리가 오는 것을 보면 양을 버리고 달아나나니 이리가 양을 물어 가고 또 헤치느니라 요 10:11,12

목자는 이리와 싸우다 죽는 사람인 것이다. 예수님은 우리를 위해 목숨을 버리셨다. 우리도 삯꾼 목자가 되지 않으려면 양들을 물어가는 이리와 싸우다 죽을 각오를 해야 한다. 어디서 어떻게 전쟁이 일어나는지 알고 적절하게 죽을 수 있어야 한다.

먼저 교회는 전쟁을 치르는 전투적 교회임을 알아야 한다. 나는 그것을 잘 알지 못했다. 선한 마음으로 사람들을 돕고, 좋은 교회가 세워지면 교회를 향해 어떤 욕심도 없이 깨끗하게 섬길 거라고 생각했다. 목사가 선하든 선하지 않든, 성도가 말을 잘 들어주든 그렇지 않든 교회는 원수의 공격을 계속해서 받는다.

원수가 가장 싫어하는 곳이 어디겠는가? 당연히 복음의 생명력이 살아있는, 복음을 증거하는 교회이다. 개인을 공격하기도 하겠지만 교회는 그야말로 가장 강력한 하나님나라의 군대이므로 원수는 필연적으로 교회를 공격하고 무너뜨리고자 한다.

개인이 아무리 뛰어나도 연약한 교회만 못하다. 교회는 그야말로 그리스도의 몸이다. 살아있는 한 계속해서 열매를 맺고 사람들을 변화시킨다. 이런 교회를 그냥 두고서는 원수가 자신의 계획을 실현할 수 없을 것이다. 그래서 교회는 전쟁의 최전방에 서 있다.

교회에서 일어나는 전쟁의 가장 주요한 양상이 무엇인가? 그것은 성경이 말씀하시는 대로 사나운 이리가 양의 옷을 입고 들어오는 것이다. 초대교회는 할례를 받아야 한다는 사람들과 영지주의자들과 싸웠다. 지금의 교회는 새로운 적들과 싸우고 있다. 그들은 자신의 이익을 위해 복음의 핵심을 변개시키는 특징이 있다.

복음을 인정하는 듯하지만 자신이 원하는 것을 더 중요하게 강조하는 식이다. 대표적으로 할례파가 그런 사람들이었다. 그들은 예수님의 십자가 죽으심과 부활을 믿었으나 거기다 할례를 받아야만 구원을 받는다고 주장했다. 바울은 그의 사역 내내 그를 핍박하는 교회 밖 사람들뿐 아니라 교회 안에 들어와 있는 이러한 이들과도 싸워야 했다. 바울이 쓴 서신서의 주요 내용은 복음을 확정하고 할례가 구원에 무용하다는 것을 강조한다. 아울러 그런 유사 복음에 넘어간 교회의 지체들을 준엄하게 꾸짖고 달랜다.

할례파들은 자신들의 유사 복음을 증거하여 교회를 무너뜨리는데 적극적이었다. 베드로마저 그런 할례파들의 외식에 넘어갈 만큼 강했다. 그런 교회의 적들에 대해 바울은 모든 것을 걸고 전쟁을 벌였다. 베드로를 책망해야 했던 것은 바울의 성격이 강해서가 아니라 복음을 지키기 위한 것이었다.

교회는 전쟁을 치른다. 바울이 세운 교회들은 바른 복음에 입각한 선교하는 교회로서의 정체성을 가지고 있었다. 바울 자신이 그런 삶을 살았고, 그가 가르친 사람들은 다 예수님의 가르침대로 그리고 바울이 보여주는 모범대로 땅끝까지 복음을 전하고자 했다. 할례파들은 이방인들을 유대인으로 만들어서 기독교회를 유대교처럼 만들려고 했다. 그것은 복음을 무력화시키는 것이다. 복음을 변개하고 교회의 정체성을 무너뜨리는 것, 그것이 바로 원수의 최대 공격이다.

변개한 복음

오늘날로 이런 상황을 적용하여 보자면 복음의 내용은 시인하나 복음이 자신의 삶이 되지 않는 것이다. 만약 복음의 내용대로 살아야 한다고 가르치기 시작한다면 반드시 전쟁을 치러야 할 것이다. 복음은 언제나 전쟁을 일으켰기 때문이다. 입으로는 시인하나 행위로는 부인하는 사람들과의 한바탕 전쟁은 피할 수 없다.

심지어 어떤 곳에서는 복음의 내용을 전하기만 해도 싫어하여 자리를 뜨는 것을 많이 보았다. 내 귀에 듣기 좋은 소리, 그리고 잘 될 거라는 소리, 따뜻한 위로가 아니면 말할 수 없는 것이다. 이것이 지금의 전쟁이다. 모두가 다 잘된다는 이야기와 듣기 좋고, 거부감 없는 소리만을 듣기 원한다. 복음에 대해 말하면 욕하는 줄 아는 것이 지금 우리가 처한 상황이다.

당연히 교회는 복음을 전하는 곳이 아니라 내가 잘되도록 도와주는 곳이 되어야 한다고 생각한다. 만약 교회가 나를 잘되게 하는 것이 아니라 예수님의 뜻을 위해 희생해야 하는 곳이라고 가르친다면 전쟁을 피할 수 없게 된다. 마음에 분노를 품은 사람들의 집요한 공격을 결코 이겨낼 수 없다. 많은 사역자들이 이러한 전쟁에 겁을 먹고 있다. 교회를 진정으로 망가뜨리는 것이 무엇인지 혼동하고 있다.

목사가 성도들이 듣기 싫은 소리를 하여 쫓겨났다. 그것은 실패다. 목사가 복음을 확실하게 증거하고 삶으로 살도록 촉구하여 교회가 분란이 일어났다. 역시 실패다. 복음을 확실하게 증거하고, 성도들이 그렇게 살도록 촉구하였는데 조금이라도 문제가 생기면 그는 목회에 실패한 사람이 되는 것이다. 더욱 괴로운 것은 교회 지도자들의 태도이다. 바울은 이미 말했다. 에베소교회 장로들을 향한 준엄한 경고이다.

또한 여러분 중에서도 제자들을 끌어 자기를 따르게 하려고 어그러진 말을 하는 사람들이 일어날 줄을 내가 아노라 행 20:30

"내가 떠나면 어그러진 말을 하여 교회를 어렵게 만들 것입니다"라는 말을 면전에서 한다면 분위기가 어떻겠는가? 실제로 그런 일을 저질렀던 사람들이 그 자리에 있다. 말로 할 수 없는 긴장감과 어려움이 가득하다. 아마도 바울은 자신이 길렀던 사람들이기에 대략 누가 앞으로 그런 문제를 일으킬 사람인지 짐작할 수 있었을 것이다. 말씀에는 분위기가 기록되어 있지 않으나 바울은 매우 고통스러웠을 것이다. 하나님께서 피로 값 주고 사신 교회, 바울이 눈물로 개척한 교회가 앞으로 이런 일을 겪게 된다는 것을 그런 일을 일으킬 사람들 앞에서 말해야 하다니!

확실히 사역은 아무것도 아니다. 교회를 잘 개척하여 무언가 세워놓겠다는 것은 터무니없는 생각이다. 원수가 교회를 호시탐탐 노리고 있고, 원수와 한편 되기를 두려워하지 않는 사람들이 교회 안에 있다.

선한 싸움을 싸우는 교회

교회를 개척하면서 영적전쟁을 효과적으로 치르는 법을 배웠다. 매우 직접적이고 중요한 문제이며, 때로 교회의 존망을 결정할 정도로 긴급한 것임을 실패의 경험을 통해 실감하게 되었다.

충남 내륙으로 전도여행을 갔을 때 한 작은 교회 목사님이 해주셨던 이야기가 생각난다. 본래 그 교회는 부흥되는 교회였다고 한다. 처음 개척하시던 분이 어떤 일에 휘말려 교회를 떠났고, 결국 교회는 지금의 모습으로 남게 되었다고 했다.

교회가 전쟁에 이기면 성장하고 지면 위축된다. 사역을 하는 내내 날마다 전쟁을 치른다는 말이 맞는 것 같다. 내가 경험한 것 중 몇 가지를 강조하고 싶다.

1. 교회가 치르는 전쟁을 사람이 해결할 수 없다

교회가 만나는 전쟁의 날에 사람의 힘과 노력은 무익하다는 것을 뼈저리게 깨달았다. 공동체가 전쟁을 치르게 되면 사역자는 빨리 상황을 좋게 만들고 싶어진다. 전쟁이 있다는 것 자체가 사역자에게는 고통이다.

교회에 은혜 대신 긴장이 있을 때 사역자는 몹시 고통스럽다. 자신의 몸이 아프더라도 교회가 평안하다면 살 수 있다. 그러나 내 몸이 편해도 교회에 전쟁이 있으면 쉴 수 없고 고통스럽다. 그래서 전쟁을 빨리 종료시키기 위해 전쟁을 겪는 당사자들을 만나서 해결하고 싶어 한다. 전쟁의 통로가 된 사람들을 설득하고 평안한 삶으로 가도록 만들어주고 싶다. 그래야 교회도 평안해지니까. 그러나 그렇게 되지 않는다.

원수의 움직임을 분별하여 영적으로 먼저 대처하지 않는 한 전쟁은 끝나지 않는다. 그 일이 전쟁이라고 분별되어지면 영적으로 대처해야 한다. 전쟁에 시달리고 있는 사람에게서 기대할 것은 없다. 말해도 잘 통하지 않는다. 전쟁을 믿음으로 싸우는 사람들이 영적 분별력을 가지고 먼저 대처를 해야 한다.

2. 전쟁의 주인이 하나님이심을 믿어야 한다

전쟁은 원수가 일으켰고, 승리는 예수님이 하신다. 그럼 나는 무엇을 할 것인가? 전쟁의 날에 어디에 어떻게 서 있어야 할 것인가? 먼저 아무것도 하지 않는 것이 중요하다. 전쟁인 줄도 모르고 다급한 마음으로 상황과 사람을 좋게 만들려다가 오히려 더욱 일과 관계가 악화되는 것을 부지기수로 경험했다.

일단 교회가 어려울만한 문제가 일어났다면 아무것도 하지 않는 것이 좋다. 단순히 아무 일도 안 한다는 게 아니라 표면적으로는 아무 일도 안 하고 있지만 속으로는 계속 하나님께 기도해야 한다. 섣부른 반응은 더욱 일을 악화시키기 때문이다.

그 일에 대하여 나도 이미 어느 정도 안 좋은 영향을 받고 있기 때문에 사람들의 마음과 관계를 괴롭히는 원수에게 기회를 주지 않으려면 내 마음부터 평강으로 지키고, 그 일에 대한 하나님의 뜻을 받아야 한다. 원수를 물리치는 것은 나의 지혜나 노력이 아니라 하나님의 주권적인 명령과 능력으로 가능하다. 겉으로는 아무것도 하지 않지만 기도하면서 마음을 평강하게 유지한다면 이미 승리는 가까이 있다.

전쟁은 때로 실체가 없는 불안함이다. 무언가 있는 것 같지만 평강으로 안정되게 있으면 곧 없어지는 게 전쟁이다. 바늘이 떨어지는 소리만큼이나 작은 움직임에 마음이 무너지면 그때부터 본격적으로 안 좋은 일이 생기기 시작한다. 그럴수록 꾹 참고 인내하면서 위로부터 부어지는 평강으로 마음을 지켜야 한다. 아무것도 안 하는 평강이 전쟁을 멈추게 한다. 전쟁의 날에 내가 주인이 아니기 때문에 기다려야 한다. 주인의 명령과 뜻이 분명해질 때까지 종으로서의 자리만 지켜도 전쟁을 멈추게 할 수 있는 경우가 많다.

3. 주인 되신 하나님의 뜻과 방식을 존중해야 승리할 수 있다

하나님께서 전쟁에서 승리하시면 보통은 기적이 일어나는 것 같다. 눈에 보이는 기적도 있지만 눈에 보이지 않는 기적들과 하나님의 간섭과 돌보심으로 잘 해결된 수많은 문제들은 우리가 무언가를 하지 않았는데도 모든 일이 잘 풀리고 은혜롭게 해결된 경험이다.

우리 마음을 위축시키고 자신 없게 만들었던 수많은 문제들이 자연스럽게 은혜로 해결되는 것은 분명히 기적이다. 이런 일이 우리 삶에 얼마나 많은가! 교회 공동체 전체가 이런 은혜를 경험한다면 모두가 전쟁의 승리를 경험한 것이다. 하나님의 승리는 우리로 하여금 기적을 경험하게 한다. 우리는 우리가 만들어낸 짝퉁 기적과 하나님이 주신 승리의 기적을 구별할 수 있다. 짝퉁 기적을 만들어내지 말고 정확한 하나님의 승리가 임할 때까지 하나님의 방식을 존중해야 한다.

하나님의 승리는 은혜스러운 기적이다. 내가 말로 설득해서 겨우 분위기를 진정시킨 것과 하나님이 은혜를 주셔서 모든 사람들이 은혜의 가르침과 성숙을 경험하는 것은 분명히 다르다. 그러므로 하나님께서 은혜를 주시고 기적을 일으키시기 전에 먼저 나서서 문제를 복잡하게 만들어서는 안 된다. 하나님이 승리하시게 하고 우리는 그 놀라운 일을 찬양하며 전리품을 받으면 된다.

하나님께서 은혜를 주실 때가 있다. 그때가 승리의 날이다. 교회가 축제를 벌이는 날이다. 모든 문제에 대한 은혜스러운 답변을 얻게 되고, 모두가 하나님을 경험하며, 기적을 체험하고, 믿음은 깊어진다. 무언가를 잘해서 교회가 잘되는 것이 아니라 하나님을 믿고 신뢰하면서 기다리면 하나님께서 승리를 주신다.

Part 04

승리

치열한
마음
전쟁을
치르고
얻는
승리

우리가 고통을 겪을 때 하나님께서 가까이 오신다. 두려워하지 말고, 중단하지 말고, 호소해야 한다. 자신의 능력으로 하려는 인간적인 시도를 포기하라. 삶의 문제 속에서 하나님을 경험한 것을 믿고 의심하지 말라. 일을 행하시는 분이 하나님이심을 알아야 한다.

Chapter 08

이기는
믿음

하나님께서 일하실 때

히스기야는 하나님을 의지하는 마음이 남다른 왕이었다. 성경은
그를 이렇게 칭찬하고 있다.

히스기야가 이스라엘 하나님 여호와를 의지하였는데 그의 전후 유
다 여러 왕 중에 그러한 자가 없었으니 곧 그가 여호와께 연합하여
그에게서 떠나지 아니하고 여호와께서 모세에게 명령하신 계명을
지켰더라 여호와께서 그와 함께하시매 그가 어디로 가든지 형통하
였더라 왕하 18:5-7

하나님을 항상 경외하고 믿음이 좋아서 어디로 가든지 형통했던 그가 전쟁을 겪게 되었다. 북이스라엘을 멸망시킨 앗수르가 쳐들어온 것이다. 형통한 사람도 전쟁은 피할 수 없다. 하나님의 사랑을 받는 사람 중에 온실 속에서 아무런 고통 없이 자란 사람은 없다. 성경에 나오는 사람들의 삶이 그것을 말해준다. 앗수르 군대의 공격이 시작되었다. 정확하게 말하자면 앗수르 군대 랍사게의 공격이다.

너희가 내게 이르기를 우리는 우리 하나님 여호와를 의뢰하노라 하리라마는 히스기야가 그들의 산당들과 제단을 제거하고 유다와 예루살렘 사람에게 명령하기를 예루살렘 이 제단 앞에서만 예배하라 하지 아니하였느냐 하셨나니
내가 어찌 여호와의 뜻이 아니고야 이제 이곳을 멸하러 올라왔겠느냐 여호와께서 전에 내게 이르시기를 이 땅으로 올라와서 쳐서 멸하라 하셨느니라 하는지라 왕하 18:22,25

이 가증스러운 랍사게의 방식을 보라. 그는 믿음의 방식을 철저하게 능멸하고 있다. 하나님을 의지하는 것이 아무런 소용이 없다는 것이다. 오늘날의 랍사게는 이렇게 등장하지는 않을 것이다. 랍사게가 눈앞에 보이지 않는다고 '나는 전쟁의 날에 물러나지 않았

다'라고 스스로 위로하지 말라. 평소에 믿었던 하나님께서 전쟁의 날에 아무것도 하실 수 없었다면 나는 랍사게에게 당한 것이다. 믿음이 전쟁에서 작동되지 않고 있다면 전쟁에서 진 것이다. 상황이 안 좋아서 진 것이 아니라 믿음이 없어서 패배한 것이다.

'하나님을 의지하기 위해 했던 모든 믿음의 행동들이 아무런 소용이 없었다'라는 공격에 넘어지는 사람들이 있다. 그들의 특징은 잠깐 믿음이 있어서 행했던 모든 행동과 말을 스스로 부정한다. 자신이 원하는 방향으로 상황이 이루어지지 않는 것을 보고 오직 원망과 불평만을 쏟아내는 사람들이다. 원하는 상황이 되기까지 결코 포기하지 않는, 그 조용하고 집요하며 끝없는 불평. 나는 충분히 한 것 같은데 대체 하나님은 뭐하시냐고 묻는 사람들….

랍사게는 자신의 침공이 하나님의 뜻이라고까지 말하고 있다. 원수의 극명한 성격이 여기에 있다. 자신의 행동을 합리화시키고 다른 사람을 공격하기 위해 무엇이든 자기에게 유리한대로 끌어다 쓴다. 그리고 어떤 경우에도 자신을 돌아보는 성찰이 없다.

자신에 대한 돌아봄이 없고, 끊임없이 주변을 이용하여 자신을 방어하고 남을 공격한다면 반드시 문제가 있는 사람이다. 전쟁에 준하여 그 사람을 상대해야 한다. 아무리 옳아도 자신의 이익을 위해 말하는 사람을 조심해야 한다. 그는 원수가 아주 좋아하는 사람이다. 원수는 항상 사람의 욕심에 기생하니까.

그러나 백성이 잠잠하고 한마디도 그에게 대답하지 아니하니 이는 왕이 명령하여 대답하지 말라 하였음이라 왕하 18:36

전쟁에서 대항하여 절대로 승리할 수 없는 원수의 무기가 있는데 그것은 논쟁이다. 원수에게는 일단 논쟁이 시작되기만 해도 성공이다. 우리는 항상 그런 상황에 노출된다. 그래서 어떤 상황인지 잘 살펴야 원수에게 넘어가지 않는다.

어떤 사람이 이상한 이야기를 한다. 정말 은혜라고는 조금도 없고, 이치에도 합당하지 않으며, 자신의 욕심이 채워지지 않아서 나오는 얼토당토 않는 말이다. 그런 말에 불편한 마음으로 반응하면 본격적으로 전쟁이 일어난다.

이상한 소리를 듣고 있으면 참 불편하다. 나는 그런 상황을 잘 참지 못한다. 그러나 전쟁이라고 느끼면 바로 참는다. 전쟁에는 전쟁의 방식이 있으니까. 전쟁인 줄 모르고 말을 섞으면 어떤 결론도 나지 않는다. 오직 마음의 상처와 같이 있는 사람들의 낙담만 남는다. 결코 말로 전쟁이 해결되지 않는다.

원수는 우리의 말로 물리칠 수 있는 존재가 아니다. 악한 말을 선한 말로 이길 수 없다. 악한 말의 배경에 있는 악한 인격이 드러나고, 그에 대한 하나님의 심판이 우리를 승리하게 한다. 원수 갚는 것은 우리 몫이 아니다. 하나님께 맡겨야 한다.

히스기야 왕이 듣고 그 옷을 찢고 굵은 베를 두르고 여호와의 전에
들어가서 왕하 19:1

원수가 주는 치욕을 겪은 사람은 하나님 앞에서 옷을 찢는다.
하나님을 경외하는 사람이 악한 일을 당하고 원수를 갚을 수 없을
때 우리는 하나님 앞에 가서 옷을 찢는다. 그때 사람을 찾아다니
면 안 된다. 히스기야도 처음 앗수르의 공격이 있었을 때 하나님
앞에서 옷을 찢지 않고 은 삼백과 금 삼십 달란트를 바치고 일을
무마시켰다.

히스기야는 평생을 믿음과 타협 사이를 오가며 산 사람인 것 같
다. 믿음이 크고 하나님을 경외했으나 자신이 감당하지 못할 큰일
을 겪을 때는 자신의 방식으로 하기도 했다. 지도자가 그러면 나라
가 위태로워진다. 히스기야의 사후에 나라가 망한 것은 그의 믿음
없음 때문이었다.

신기하게도 원수가 괴롭힐 때는 아무도 그런 사실을 몰라준다.
가장 가까운 가족이라도, 심지어 아내라 할지라도 일이 안 된 것만
생각하지 전쟁을 이해하지 못한다. 전쟁은 당하는 사람에게만 보
인다. 공격을 당하면서 옷을 찢어야 한다. 그 참담한 심정을 누가
알겠는가!

하지만 낙담하지 마라. 비록 원수에게 크게 당하고 있지만 그때

가 하나님께서 결심하시는 시간이기도 하다. 원수는 이제 곧 멸망할 것이다. 히스기야는 이런 사실들에 대해 감각이 있었던 것 같다.

랍사게가 그의 주 앗수르 왕의 보냄을 받고 와서 살아계신 하나님을 비방하였으니 당신의 하나님 여호와께서 혹시 그의 말을 들으셨을지라 당신의 하나님 여호와께서 그 들으신 말 때문에 꾸짖으실 듯하니 당신은 이 남아 있는 자들을 위하여 기도하소서 하더이다 하니라

왕하 19:4

이사야는 히스기야의 말을 듣고 하나님의 뜻을 전달해준다. 하나님께서 일하기로 결정하셨다. 앗수르 왕을 죽이기로 하신 것이다. 히스기야가 앗수르 왕을 죽인 것이 아니라, 하나님께서 죽이셨다. 하나님께서 심판하실 때까지 기도하며 기다려야 한다. 원수의 공격이 충분히 차고, 수모가 가득하고, 하나님 앞에서 눈물이 가득할 때가 승리의 시간이다.

기도로 하는 전쟁

전쟁의 결정적인 승리는 히스기야의 기도였다. 전쟁의 날에 하나님 앞에 가서 기도함으로 전쟁을 승리로 이끌 수 있는 경험과 경

건의 훈련이 되어 있는 사람이 필요하다. 가정과 직장과 교회, 조국과 온 열방에 필요한 사람이다. 북이스라엘은 멸망했지만 유다는 살아남았다. 히스기야가 있었기 때문이다. 정확하게 말하자면 그의 기도가 있었기 때문이다.

> 히스기야가 사자의 손에서 편지를 받아보고 여호와의 성전에 올라가서 히스기야가 그 편지를 여호와 앞에 펴놓고 왕하 19:14

앗수르 왕 산헤립이 여러 나라를 멸망시킨 것처럼 유다도 멸망시킬 것이다. 하나님이 지켜주신다는 말을 믿지 말고 항복하라는 앗수르 왕의 위협을 히스기야는 하나님 앞에 펴놓았다. 우리가 겪는 모든 위협도 하나님 앞에 가서 보일 수 있어야 한다. 모든 공격에 대해서 낱낱이 하나님께 보여드려야 한다. 그분이 우리의 서러움과 고통을 보시고 원수를 폭격하신다.

우리가 공격을 받는 것은 하나님께서 전쟁에 개입하시기 위한 조건이다. 전쟁에서 하나님의 때가 어떻게 임할 것인가 하는 것이 승리의 결정적인 요건이다. 우리가 고통을 겪을 때 하나님께서 가까이 오신다. 하나님은 우리 편이시고 우리를 돕는 산성이 되신다. 우리가 겪는 고통과 전쟁의 날에 하나님의 불꽃 같은 눈이 머물게 하라. 그리고 부르짖어라!

'주여, 우리의 억울함을 보소서. 우리가 겪는 모든 고통을 보소서. 우리는 하나님의 자녀이고, 악한 원수는 오직 하나님을 대적하는 악한 자입니다. 주여, 속히 임하사 악한 원수를 멸하소서!'

그 앞에서 히스기야가 기도하여 이르되 그룹들 위에 계신 이스라엘의 하나님 여호와여 주는 천하만국에 홀로 하나님이시라 주께서 천지를 만드셨나이다 왕하 19:15

우리가 원수와 결정적으로 다른 것은 하나님을 인정하고 찬양한다는 것이다. 원수는 결코 하나님을 찬양하지 않는다. 원수와 한편인 사람도 하나님을 찬양하지 않는다. 우리는 하나님을 찬양하고 하나님의 편에 선다. 이것이 우리의 신분이며, 기도와 승리의 조건이다. 우리는 우리 힘을 의지하는 사람들이 아니다. 그냥 억울한 일을 겪은 사람들이 아니다. 하나님의 자녀로서 하나님을 대적하는 원수에게 핍박을 받고 있는 것이다.

우리의 모든 출발은 하나님을 찬양하고 인정하는 것으로부터이다. 하나님의 다스리심과 통치는 그분의 권위를 인정하고 받아들이는 사람들을 통해서 일어난다. 물론 하나님은 온 천하만국을 다스리시는 분이다. 아울러 하나님의 권위를 인정하고 존중하는 사람들을 사용하셔서 세상을 다스리신다. 원수의 공격이 있는 곳에서 우리가 하나님을 찬양하고 인정할 때 즉각적으로 하나님의 나라와 다스리심이 임하기 시작한다. 그러면 원수가 가지고 있는 모든 가치와 능력은 의미가 없게 된다. 빛이 임하고 어둠이 힘을 잃는 것이다.

원수가 틀렸다는 것을 증명하는 유일한 방법은 하나님의 하나님 되심을 선포하는 것이다. 하나님께서 주인 되신다는 것, 주인의 권리가 하나님께 있다는 것이 선포될 때 원수의 모든 권리는 불법이 된다. 하나님의 주권을 인정하고 선포하는 것은 원수의 불법을 드러내고 묶는 것이다.

> 여호와여 귀를 기울여 들으소서 여호와여 눈을 떠서 보시옵소서 산헤립이 살아계신 하나님을 비방하러 보낸 말을 들으시옵소서 왕하 19:16

원수는 우리를 괴롭히면서 반드시 실수를 하게 된다. 하나님을 비방하게 되는 것이다. 이미 하나님의 자녀들을 괴롭히는 것 자체가 하나님을 향한 도전이다. 어떤 아버지가 자녀가 악한 자에게 괴롭힘을 당하는데 가만히 있을 수 있단 말인가. 모든 방법을 동원하여 불법을 막고 자녀를 구해낼 것이다. 만약 그렇게 하지 못한다면 아버지는 고통을 느낄 것이다. 세상에서 가장 큰 고통은 자식이 불법으로 당하는데 아무것도 하지 못하는 부모의 마음일 것이다.

히스기야는 자신과 유다가 당하고 있는 모든 고통에 대해서 하나님께 보여드리고, 그것이 하나님을 비방하는 것임을 기도로 아뢰었다. 우리 하나님은 자녀의 고통을 즐기시는 분이 아니라 대신 고통을 당하시는 분이다. 원수는 이제 끝났다.

승리의 약속

우리 하나님 여호와여 원하건대 이제 우리를 그의 손에서 구원하옵소서 그리하시면 천하 만국이 주 여호와가 홀로 하나님이신 줄 알리이다 하니라 왕하 19:19

이스라엘을 멸하시려던 하나님께서 그 뜻을 돌이키셨던 계기가 바로 이것이다. 모세는 만약 하나님께서 이스라엘을 광야에서 멸하시면 사람들은 하나님이 능력이 없으셔서 그렇게 된 것이라고 알 것이라며 기도했다. 하나님은 이스라엘을 멸하지 않으셨다. 하나님이 누구신지에 대한 증명은 하나님께 중요하다. 이스라엘을 구했던 그 방법대로 유다도 구원받을 것이다. 그것은 무엇보다도 하나님이 누구신지를 증명하기 위한 것이다.

유다가 불쌍한 것도 있고, 앗수르가 악한 것도 있다. 그러나 이 모든 것보다 더 중요한 이유는 주 여호와가 홀로 하나님이 되심을 증명하는 것이다. 세상에서 가장 강하고 악한 앗수르를 멸망시킴으로써 주 여호와가 홀로 하나님이심을 밝히는 것이다.

전쟁에서 고통을 당하고, 믿음의 기도가 깊이 있게 진행되고, 오직 하나님 한 분만 보일 때 우리의 기도는 하나님의 하나님 되심을 인정할 것이다. 그러면 그 기도와 믿음대로 하나님은 온 세상의 주권자가 누구신지 증명하실 것이다. 연약한 우리의 구원을 통하여….

아모스의 아들 이사야가 히스기야에게 보내 이르되 이스라엘 하나님 여호와의 말씀이 네가 앗수르 왕 산헤립 때문에 내게 기도하는 것을 내가 들었노라 하셨나이다 왕하 19:20

하나님께서 우리의 고통과 수고를 들어주셨다. 우리의 고통도 끝나는 날이 온 것이다. 하나님께서 우리의 기도를 들으실 때까지 두려워하지 말고, 중단하지 말고, 호소해야 한다. 기도가 차고 하나님께서 결정하시면 일은 성취될 것이다. 하나님께서 즉시 결정하셨다.

네가 내게 향한 분노와 네 교만한 말이 내 귀에 들렸도다 그러므로 내가 갈고리를 네 코에 꿰고 재갈을 네 입에 물려 너를 오던 길로 끌어 돌이키리라 하셨나이다 왕하 19:28

하나님은 악한 원수가 그의 악함에서 하는 모든 말들을 듣고 계신다. 그런 말들은 필연적으로 하나님을 대적하는 교만한 말들이다. 하나님은 그 말을 듣고 결심하신다. 하나님께서 원수를 심판하실 때 원수는 처참한 결과를 맞게 된다. 아무리 강한 척을 해도 우리 하나님께서 원수를 다루기 시작하면 아무 저항도 하지 못하고 그가 왔던 길로 돌아간다. 죽으러 가는 것이다.

또 네게 보일 징조가 이러하니 너희가 금년에는 스스로 자라난 것을 먹고 내년에는 그것에서 난 것을 먹되 제삼년에는 심고 거두며 포도원을 심고 그 열매를 먹으리라 왕하 19:29

여호와의 열심이 이 일을 이루신다(왕하 19:31). 하나님은 기도하는 사람에게 승리의 약속을 주신다. 하나님께서 어떻게 일을 이루실지에 대해서 말씀해주신다. 우리는 그 약속을 받을 때까지 기도하며 기다려야 한다. 전쟁을 두려워하여 돌발 행동을 하면 안 된다. 기도하고 기다리면 반드시 좋으신 하나님의 약속을 받게 된다. 그 약속을 받고 약속이 현실이 되도록 하나님을 신뢰하며 기다리면 전쟁은 우리의 승리로 끝나게 된다. 하나님은 약속의 하나님이시고, 말씀하신 약속은 반드시 지키시는 분이다.

이 밤에 여호와의 사자가 나와서 앗수르 진영에서 군사 십팔만 오천 명을 친지라 아침에 일찍이 일어나 보니 다 송장이 되었더라 왕하 19:35

하룻밤 사이에 최강의 군사, 최고로 교만한 군대 십팔만 오천 명이 죽었다. 통쾌하다. 세계 최강의 군대와 전쟁을 하더라도 한 사람의 기도를 통해 완전한 승리를 얻을 수 있다. 이것은 성경의 말씀이다. 그대로 된다. 지금까지 전쟁하며 고통을 겪으며 살아올 수 있었던 이유 중 하나는 말씀이 현실이 되는 것을 보았기 때문이다. 그것은 무모한 것이 아니다.

살아계신 하나님과 기도하는 사람의 믿음의 관계 안에서 약속된 말씀들은 단순히 문장으로 끝나지 않고, 반드시 현실이 되는 것을 경험했다. 우리는 믿고 기도한다. 온 세상을 다스리시는 하나님께서 때가 되면 순식간에 우리의 모든 대적을 멸하실 것이다.

진실한 믿음

고통 속에 있는 사람의 진실한 믿음은 하나님뿐만 아니라 공동체 모든 사람들을 위로하고 격려하며 동일한 은혜 가운데 들어가게 하는 힘이 있다. 그러나 그런 사람을 만나기는 갈수록 어려워지고 있다. 반면 자신의 어려움으로 공동체 전체를 어렵게 만드는 사람들이 늘어가고 있다. 자신의 문제를 결국은 지도자의 문제로, 그리고 공동체의 문제로 만드는 사람들을 무수히 겪었다.

이스라엘 백성도 물이 없는 문제를 결국은 하나님의 문제로 만들고 광야에서 죽었다. 물이 어지간히 없었던 모양이다. 조금 목마른 상태에서는 그렇게 어이없는 말까지 하지는 않았을 것이다.

백성이 모세와 다투어 이르되 우리에게 물을 주어 마시게 하라 모세가 그들에게 이르되 너희가 어찌하여 나와 다투느냐 너희가 어찌하여 여호와를 시험하느냐 거기서 백성이 목이 말라 물을 찾으매 그들이 모세에게 대하여 원망하여 이르되 당신이 어찌하여 우리를 애굽에서 인도해내어서 우리와 우리 자녀와 우리 가축이 목말라 죽게 하느냐 출 17:2,3

그가 그곳 이름을 맛사 또는 므리바라 불렀으니 이는 이스라엘 자손이 다투었음이요 또는 그들이 여호와를 시험하여 이르기를 여호와께서 우리 중에 계신가 안 계신가 하였음이더라 출 17:7

노예 생활에서 벗어난 기쁨은 온데간데없다. 오직 지금 물이 없는 고통만이 중요하다. 그들은 고통 중에 모세를 향하여, 근본적으로 하나님을 향하여 '왜 우리를 이집트에서 나오게 했느냐? 차라리 이집트가 더 낫다'라고 말한다. 정말 어이가 없는 상황이다. 사람은 이렇게까지 변할 수 있다. 그것이 사람이다. 이런 사람에게 마음을 둔다면 평생 상처받을 일 말고는 없을 것이다.

본래 사람이 이렇지만 요새 같은 험한 세상은 더 그렇다. 사람이 좋아서 사람을 좋게 하려고 사역하는 것은 휘발유를 들고 불에 뛰어드는 것이다. 간혹 어떤 사람들은 정말 사람들이 얼마나 좋은지를 이야기하고 그런 감동을 전파시키기 위해 애쓰는 것을 본다. 나도 한때는 그런 행동에 치우친 적도 있었다. 사람들의 감동적인 이야기가 복음의 옷을 입고 전파되는 것들에 대해서.

사람은 상황에 자신을 맡기고 상황을 따라 마음을 정하며 그런 상태로 지도자와 하나님을 대한다. 혹 몇 사람이 믿음을 지킨다고 해도 그것은 그 사람에 관한 일이지 공동체의 일이 되지 못한다. 공동체는 늘 믿음이 없는 사람들, 자신의 욕심을 이루지 못한 상황에 대해 원망하는 사람들을 만나서 흔들리게 된다. 사람을 통해서 무슨 선한 일을 계획하고 이룬다는 것이 얼마나 허망한 일인가를 생각해야 한다.

결국 가장 위대한 지도자라고 하는 모세가 이룬 것이 무엇인가?

광야에서 죽는 것이다. 사람들과 조직을 만들어서 일을 이루겠다는 것은 허망한 일이다. 그것이 하나님이 원하시는 일이라 할지라도 사람들을 모으고 조직을 세워서 하면 불가능하다. 세상의 모든 사람이 자신의 욕심이 아니라 하나님의 뜻을 이루고자 하는 믿음으로 산다면 가능할 것이다.

그러나 그런 것은 불가능하다. 만약 그런 것을 시도한다면 공산주의자들이 자신들의 말로 혁명이라는 것을 통해서 수많은 사람들을 죽였던 일들을 하게 될지도 모른다. 불가능한 것은 포기해야 한다. 주요한 불순종 중 하나는 사람이 할 수 없는 불가능한 일에 힘을 쓴다는 것이다. 자신의 욕심이 이루어지지 않는 상황에서 지도자와 하나님을 원망하는 사람들을 전제로 하게 되면 할 수 있는 일이 별로 없다.

믿음과 믿음이 아닌 것

지도자로서 무언가를 해야 한다면 그것은 사람이나 지도자가 가진 비전 때문이 아니라 하나님이 하라고 하신 사명이기 때문이다. 명령을 받았기 때문이다.

내 영광과 애굽과 광야에서 행한 내 이적을 보고서도 이같이 열 번이나 나를 시험하고 내 목소리를 청종하지 아니한 그 사람들은 내가 그들의 조상들에게 맹세한 땅을 결단코 보지 못할 것이요 또 나를 멸시하는 사람은 한 사람도 그것을 보지 못하리라 그러나 내 종 갈렙은 그 마음이 그들과 달라서 나를 온전히 따랐은즉 그가 갔던 땅으로 내가 그를 인도하여 들이리니 그의 자손이 그 땅을 차지하리라

민 14:22-24

믿음이 없는 사람은 하나님을 시험하고 멸시한다. 하나님은 그런 사람들을 싫어하신다. 하나님은 믿음을 기뻐하시는 것만큼이나 의심을 싫어하신다. 믿음이 없는 사람들은 하나님을 기쁘시게 할 수 없고 상도 없다는 히브리서 말씀은 그만큼 하나님을 신뢰하지 못하는 것을 하나님이 가장 싫어하시며, 그로 인해 징계를 받을 수 있다는 것을 말해준다. 단순히 믿음이 없고, 하나님을 신뢰하지 못했다는 간단한 실수가 아니다.

믿음이 없이는 하나님을 기쁘시게 하지 못하나니 하나님께 나아가는 자는 반드시 그가 계신 것과 또한 그가 자기를 찾는 자들에게 상 주시는 이심을 믿어야 할지니라 히 11:6

믿음으로 그들은 홍해를 육지같이 건넜으나 애굽 사람들은 이것을

시험하다가 빠져 죽었으며 히 11:29

보통의 이스라엘 백성이 받았던 광야의 징계를 받을 것인가 아니면 갈렙과 같은 대를 이은 축복, 상을 받을 것인가 하는 삶의 중대한 결정은 하나님을 향한 믿음으로 되는 것이다.

가나안 여자는 보기 드문 믿음을 보여준다. 예수님께서 자녀의 떡을 개들에게 주지 않는다고 말씀하실 때 그녀는 훌륭한 대답을 한다.

여자가 이르되 주여 옳소이다마는 개들도 제 주인의 상에서 떨어지는 부스러기를 먹나이다 하니 마 15:27

부스러기를 먹어도 전혀 마음이 어렵지 않은 것은 예수님이 자신의 주인이시기 때문이다. 예수님이 나의 주인이시라면 나에 대한 주인의 결정을 기꺼이 받아들이고, 나에게 허락된 것을 하겠다는 겸손한 믿음이 예수님을 감동시켰다. 만약 여자가 "내가 왜 개냐고요? 왜 부스러기를 나에게 주냐고요?" 하고 삐친다면 기적은 없어지고, 딸은 계속 아플 것이다.

어려울 때는 정말 믿음이 필요하다. 주인이 무슨 일을 하시든 처분대로 하겠다는 가난한 마음에서 나오는 믿음은 주인을 결심하게 한다. 가나안 여인은 '예수님은 나의 주인이시니 그분께 마음대로 하실 수 있는 권한이 있다'라고 고백했다.

그가 백 세나 되어 자기 몸이 죽은 것 같고 사라의 태가 죽은 것 같음을 알고도 믿음이 약하여지지 아니하고 믿음이 없어 하나님의 약속을 의심하지 않고 믿음으로 견고하여져서 하나님께 영광을 돌리며 약속하신 그것을 또한 능히 이루실 줄을 확신하였으니 그러므로 그것이 그에게 의로 여겨졌느니라 롬 4:19-22

자신의 종을 고친 백부장도 이런 모습을 보여서 예수님께 믿음이 훌륭하다고 칭찬 받았다. 그는 자신도 남의 수하에 있는 사람으로서 오라면 오고 가라면 가는데 예수님께서 직접 들어오시지 않아도 말씀만 하신다면 종이 낫겠다고 고백했다.

주인이신 예수님을 주인으로 모시는 것이 믿음이다. 주인을 인정하지 않고, 내 마음대로 관계를 설정하고 요구하는 것은 믿음이 아니다.

믿음 위에 있는 소원

나아만 장군은 한센병에 걸려 있었다. 그는 엘리사에게 병을 고쳐달라고 찾아갔다. 자신의 생각에는 매우 겸손한 행동이 아니었을까 싶다. 그러나 그의 기대와 달리 엘리사는 나오지도 않고, 기도해주지도 않고, 요단강에 가서 몸을 일곱 번 씻으라는 말을 종을 통해서 했다. 그는 화가 났다.

'물도 좋지 않은 요단강이 웬 말인가? 내 나라에 더 좋은 물이 있는데…'

다행히 나아만을 '아버지'라고 부르는 겸손한 종의 간단한 말 한마디가 그를 살렸다. 선지자가 더 어려운 일을 하라고 해도 했을 텐데 간단하게 씻기만 하라는데 왜 못하느냐는 것이다. 이런 사람이 필요하다. 자신의 병이 아니기에 마음이 심하게 어렵지 않은 상태에서 사랑하는 마음으로 따뜻하고 간단하게 충고해주는 사람. 욥의 친구들과는 대조를 이루는 사람이다. 그 말을 들은 나아만이 요단강에 가서 몸을 씻었다.

나아만이 이에 내려가서 하나님의 사람의 말대로 요단강에 일곱 번 몸을 잠그니 그의 살이 어린아이의 살같이 회복되어 깨끗하게 되었더라 왕하 5:14

'하나님의 사람의 말대로' 하는 것이 중요하다. 나아만이 처음 화가 났던 것은 자신의 기대가 있었는데 그대로 되지 않았기 때문이다. 믿음을 방해하는 것 중 하나는 나의 잘못된 기대이다. 내가 원하는 방법과 시간과 결과에 대한 기대이다. 이런 기대대로 일이 되지 않을 때 우리는 쉽게 믿음을 버리고 원망하고 화를 낸다.

주인이 원하는 대로, 시키는 대로 해야 한다. 불평과 원망은 없다. 혹 연약해서 생겼더라도 바로 정신을 차리고 회개해야 한다. 잘 모르면서 성질을 부리면 손해다. 나아만 같으면 한센병이 그를 계속 괴롭혔을 것이고, 가나안 여인 같으면 여전히 아픈 딸을 돌보아야 했을 것이다.

내가 원하는 상황에 믿음을 두면 일을 그르친다. 상황이 나의 믿음을 결정하지 못하도록 해야 한다. 상황이 아니라 상황을 주관하시는 예수님을 신뢰하고 믿어야 한다. 혹 믿음이 없어지고 마음이 어려우면 하나님이 싫어하시는 상황 가운데 있다는 것을 알고 내면을 강하게 해야 한다. 상황이 어떻든 하나님만을 신뢰한다고 결정해야 한다. 다니엘의 세 친구처럼 말해야 한다.

왕이여 우리가 섬기는 하나님이 계시다면 우리를 맹렬히 타는 풀무불 가운데에서 능히 건져내시겠고 왕의 손에서도 건져내시리이다 그렇게 하지 아니하실지라도 왕이여 우리가 왕의 신들을 섬기지도 아니하고 왕이 세우신 금신상에게 절하지도 아니할 줄을 아옵소서

단 3:17,18

"우리가 섬기는 하나님이 우리를 왕의 손에서 건져주지 않으시고, 우리를 죽게 버려둔다 할지라도 우리는 하나님을 섬깁니다."

어려운 상황에서는 믿음 외에 방법이 없고, 믿음 말고는 할 것도 없다. 우리의 소원이 믿음 위에 있다면, 그것은 예수님이 반드시 이루어주시기 원하는 예수님의 소원이 된다. 그 소원을 이루어주셨을 때 우리는 온 땅과 온 하늘과 함께 하나님을 찬양하게 된다.

기적의 매커니즘

믿음으로 기적을 경험하기 원한다면 다음과 같이 행하라.

1. 인간적인 시도를 포기하라

사람은 조금의 힘만 있어도 자신의 힘을 믿는다. 믿음의 사람인 아브라함이라 할지라도 하나님이 주신 약속의 자녀가 아니라 육신의 자녀를 낳았다. 믿음으로 하지 않은 것들은 반드시 나중에 올무가 되어 괴롭힌다. 이스마엘 때문에 아브라함은 가정에 분란을 겪었고, 이삭과 이스마엘의 후손들은 지금도 격렬한 문제들을 안고 있다.

만약 믿음으로 하나님의 역사하심을 경험하기 원한다면 반드시 선행되어야 할 것이 있다. 믿음이 아닌, 인간적인 방법으로 할 수 있는 방법들에 대한 '포기'이다. 사람은 자신이 할 수 있는 한 결코 하나님을 의지하지 않는다. 아브라함처럼 믿음이 있고 하나님의 확실한 약속을 받았어도 믿음으로 하지 않고 인간적인 방법을 사용하는 것이 우리다. 아마도 그런 이유 때문에 우리 스스로 해결할 수 없는 문제들이 오는지도 모르겠다.

믿음으로 기적을 경험하기 원한다면 첫 번째 해야 할 일은 자신의 능력으로 하려는 인간적인 시도들을 내려놓는 것이다.

2. 믿고 의심하지 말라

아브라함처럼 하나님을 믿고 의심하지 않아야 한다. 앞에서 보았지만 로마서에서 아브라함은 자기 몸이 죽은 것 같았다고 말한다. 그럼에도 이삭을 주시겠다는 하나님의 약속을 의심하지 않고 믿었다는 것이다. 더는 인간적인 방법을 사용할 수 없었을 때 믿음이 더욱 선명해진다.

우리가 알듯이 아브라함이 처음부터 믿음이 좋았던 건 아니다. 살면서 이스마엘의 일을 비롯하여 여러 가지 일을 겪으면서 하나님을 경험하므로 하나님을 신뢰하게 되었다. 아브라함이 어느 날 믿음이 좋아진 게 아니라 하나님께서 아브라함의 믿음이 진정한 믿음이 되도록, 기적을 받을 만한 믿음이 되도록 끊임없이 그를 설득하고 인도하셨다.

믿음은 어느 날 갑작스럽게 생기는 게 아니다. 하나님과 함께 인생을 살아가면서 해결할 수 없는 삶의 문제 속에서 하나님을 경험하고 그 경험에서 나오는 그분을 향한 신뢰가 믿음이 된다. 인생의 굴곡을 하나님과 함께 지나가야 하나님을 향한 흔들리지 않는 신뢰, 즉 믿음이 생기는 것이다. 인생의 문제들을 그런 기회로 삼는 사람은 행복하다.

삶의 문제들을 하나님과 함께 겪어가면서 하나님과 친밀해지는 복을 받는다. 모든 믿음의 사람들은 그런 문제들 속에서 하나님과 함께 있었고, 하나님의 도움을 받았고, 하나님을 알아갔다. 사자 굴에 들어갔던 다니엘도 그랬다.

그들은 믿음으로 나라들을 이기기도 하며 의를 행하기도 하며 약속을 받기도 하며 사자들의 입을 막기도 하며 불의 세력을 멸하기도 하며 칼날을 피하기도 하며 연약한 가운데서 강하게 되기도 하며 전쟁에 용감하게 되어 이방 사람들의 진을 물리치기도 하며 히 11:33,34

성경은 다니엘이 사자 굴에서 살아나온 것은 믿음으로 사자의 입을 막은 것이라고 말한다. 이미 다니엘은 포로로 잡혀 갔을 때부터 믿음으로 채소만을 먹으면서 더 지혜롭고 건강한 모습을 보여주었다. 포로 생활을 하는 동안 그는 하나님과의 친밀한 관계를 최우선으로 정해놓고 실천하는 사람이었다. 사자 굴에 들어가게 된 것도 하나님 앞에서 기도하는 문제 때문이었음을 생각하면 다니엘이 얼마나 하나님과 동행하는 삶을 잘 살아왔는지 알 수 있다. 그런 삶을 살아왔기에 인생에서 최고로 어려운 시련 속에서도 믿음으로 사자의 입을 막을 수 있었다.

간혹 믿음이 아닌 투기 심리로 어떤 일을 진행하여 상황이 더 어려워지는 사람들이 있다. 조심해야 한다. 믿음은 일이 무조건 잘될 거라는 투기 심리가 아니다. 살아계신 하나님과의 친밀한 동행에서 나오는 인격적인 신뢰임을 잊어서는 안 된다.

다니엘을 모함했던 사람들은 사자 굴에 들어가자마자 바로 사자에게 죽임을 당한다. 그들의 발이 닿기도 전에 사자가 그들을 죽였다(단 6:24). 평소에 하나님과 살아있는 신뢰 관계를 맺지 못한 사람은 삶의 위기 속에서 믿음으로 행할 수 없다. 삶의 문제는 하나님을 향해 의심을 증폭시킬 뿐이다. 최악의 상황에서 믿음을 지키자면 반드시 오랜 시간 동안 하나님과 동행한 신뢰 관계가 구축되어 있어야 한다.

나의 하나님이 이미 그의 천사를 보내어 사자들의 입을 봉하셨으므로 사자들이 나를 상해하지 못하였사오니 이는 나의 무죄함이 그 앞에 명백함이오며 또 왕이여 나는 왕에게도 해를 끼치지 아니하였나

이다 하니라 왕이 심히 기뻐서 명하여 다니엘을 굴에서 올리라 하매
그들이 다니엘을 굴에서 올린즉 그의 몸이 조금도 상하지 아니하였
으니 이는 그가 자기의 하나님을 믿음이었더라 단 6:22,23

다니엘이 사자를 막을 수 없다. 아브라함이 인간적인 힘으로 이
삭을 낳을 수 없다. 사자는 하나님이 막아주셔야 하고, 이삭은 하
나님이 주셔야 한다. 혹 어떤 사람들은 "왜 나의 사자는 막아주시
지 않느냐, 왜 나에게는 이삭을 주시지 않느냐"라고 말할 수 있다.
그렇게 말하기 전에 자신의 믿음, 하나님과 함께 살아왔던 삶의 내
용들이 있는지 먼저 확인해야 할 것이다. 사자를 막고, 이삭을 받
을 수 있는 믿음, 하나님을 향한 신뢰가 충분한지 자신을 돌아볼 필
요가 있다.

3. 하나님이 행하시게 하라

일을 행하시는 분이 하나님이심을 알아야 한다. 아브라함은 자
식이 없었다. 그런 그에게 하나님께서 자식을 주겠다고 약속하셨
다. 그는 하나님을 신뢰하고 믿었다. 그래서 하나님께서 이삭을 주
셨다. 믿음으로 일이 될 때는 내가 할 수 있는 것이 별로 없다. 오직
믿기만 하는 것이다.

'내가 해결할 수 없는 문제가 발생했지만 믿음을 가졌더니 하나

님께서 해결하셨다.'

이것이 믿음으로 일이 되는 과정이다. 그러므로 우리는 무엇을 하기 전에 믿음을 가지고 하나님으로 하여금 일을 행하시게 해야 한다.

일을 행하시는 여호와, 그것을 만들며 성취하시는 여호와, 그의 이름을 여호와라 하는 이가 이와 같이 이르시도다 너는 내게 부르짖으라 내가 네게 응답하겠고 네가 알지 못하는 크고 은밀한 일을 네게 보이리라 렘 33:2,3

우리가 나서면 오히려 하나님의 뜻을 방해할 수 있다. 그러면 일은 예측할 수 없는 방향으로 가고 상황은 더욱 안 좋아진다. 어려울수록 하나님께서 어떻게 움직이시는지 예민하게 살피면서 더욱 하나님을 깊이 신뢰해야 한다. 민감한 상황에서는 평소의 믿음과 하나님이 행하시는 일의 과정만이 중요해진다. 함부로 움직이면 일을 그르친다. 정신을 차리고, 눈을 똑바로 뜨고, 믿음으로 하나님의 행하심을 주의 깊게 살펴야 한다.

믿음은 하나님과
의 관계의 반영이
다. 하나님을 경험
하여 알수록 믿음
은 더욱 깊어진다.
믿음이 있고 없고
는 삶 속에서 증명
된다. 돈이 무질서
해지면 삶도 영향
을 받는다. 믿음으
로 살면 예수님만
드러난다. 누군가
대신 전쟁을 치러
줄 수는 없다.

Chapter 09

살아있는
믿음

믿음의 검증

가끔 어떤 모임에 말씀을 전하러 갈 때 믿음이 없이 오직 행사를 치르는 데 집중하는 사람들을 본다. 보통 그런 모임은 끊임없이 행사 순서와 그 행사의 의미를 강조한다. 그리고 말씀을 전하는 강사에게도 어떤 메시지를 해야 한다고 계속 주입한다. 말씀의 내용이 어떤 것이며, 어느 본문으로 말씀을 전할 것인지를 언제까지 알려주어야 한다고 재촉한다.

하나님께서 무엇을 원하시는지 알기도 전에 하나님을 충분히 존중하기도 전에, 심지어 그런 것이 있는지조차 생각지도 않고 세상의 행사를 치르듯이 일을 진행하는 걸 보면 정말 답답하다. 그런 상황에서 하나님이 주시는 마음을 나눈다면 보통은 싫어한다.

행사를 주관하며 자신들이 원하는 기준과 목표가 있다. 물론 하나님의 이름으로 하는 행사이다. 하지만 하나님을 존중함이 없으니 사람을 존중하지도 않는다. 사람이 일을 만들고, 성취한다. 하나님께서 원하시는 게 무엇이고, 어떻게 일을 행하고 계시며, 일을 성취하시고 홀로 영광 받으실 것인지에 대한 안목이 없다. 단순히 안목이 없는 게 아니라 자신의 뜻으로 믿음 없이 일을 한다.

때로 믿음이 없는 행동은 아주 능동적이다. 오히려 이삭을 기다리는 믿음의 행동은 수동적이다. 하나님이 하시기 전에는 할 수 있는 것이 없으니까. 심하게 적극적인 사람들을 만날 때마다 무섭다. 성령의 역사가 없다. 하나님의 일을 하나님이 하시지 않고 사람이 할 때 오는 그 답답함을 풀 길이 없다. 무엇보다 하나님을 향한 경외와 존중이 없는 그 모습이 괴롭다.

믿음은 관계의 반영이다. 믿음은 하나님을 믿는 것이다. 즉 믿음은 하나님과의 관계 속에 있는 내용이다. 관계가 친밀하고 좋으면 믿음도 깊다. 그러나 관계가 좋지 않으면 믿음도 좋지 않다. 하나님을 믿는 것을 관계 안에서 이해하지 못하는 사람들이 있다. 그냥 내 눈에 보이지 않고, 알 수 없는 절대적인 존재에 대한 나 자신의 일방적인 마음의 내용이라고 생각한다.

우리가 믿는 하나님은 그런 분이 아니시다. 성경은 우리가 하나님을 알아야 한다고 말한다. 자기 소견에 옳은 대로 하나님을 섬겨서는 안 되고, 그분을 알고 그분이 원하시는 대로 섬겨야 한다고 강조한다. 하나님을 경험하여 알수록 믿음은 더욱 깊어진다.

한때 하나님을 깊이 경험하고 믿음이 깊었더라도 어느 순간 하나님과 동행하는 관계가 약해지면 믿음도 약해지게 된다. 그러면 자신의 삶 속에서 믿음으로 하나님이 행하시는 기적들이 줄어들게 된다. 본래 사람들은 믿음으로 사는 것보다는 자신의 능력으로 편안하게 사는 것을 좋아하기 때문에 삶이 좋아질 수 있다면 믿음보다는 스스로 세운 삶의 안정감을 선택한다.

내 삶 속에서 하나님과 친하지 않고도, 믿음이 없어도 살 수 있다면 두려워해야 한다. 그런 삶의 시스템을 두려워해야 한다. 한 번 믿음이 좋았다고 평생 가는 게 아니다. 믿음으로 살다가 믿음 없이 그냥 사는 사람들의 모습은 자녀를 잃어버린 부모의 모습처럼 보인다. 허전한 삶, 물이 고이지 않는 터진 웅덩이 같은 삶이다.

사람들은 인생에서 위기 상황이 오지 않기를 바라고, 어떻게 하든 위기 상황을 벗어나고자 하지만 사실 믿음은 그런 상황에서 진정하게 드러나고 위력을 발휘한다. 사실 하나님이 그것을 원하시는지도 모르겠다. 예수님께서 가나안 여인의 믿음을 보고 싶어 하셨듯이 사람의 믿음은 삶의 위기 속에서 검증된다. 평범한 일상에서는 모든 사람이 믿음으로 사는 것 같지만 삶에 위기가 오면 그가 그동안 믿음으로 살았는지 아니면 자신의 능력 안에서 살았는지를 알게 된다.

삶의 위기에서 믿음을 잃어버린 사람은 하나님을 믿지 않는 불신을 드러낸다. 하나님을 의심하기 때문에 주변 사람들도 믿지 않게 된다. 자신의 위기가 하나님이 도와주시지 않기 때문이라는 의심 속에서 모든 믿음의 관계와 행동들에 대해서 의미없게 여긴다. 자신이 그동안 중요하게 여겼던 모든 믿음의 원칙들, 공동체 안의 믿음의 관계들, 믿음을 따라 살아온 자신의 삶에 대해서 부정적이고 냉소적이 된다.

그것은 믿음을 버린 것이다. 믿음은 모든 것을 잃어버린 상황에서도 하나님을 향해 일관성 있고 충성스러운 모습을 보이는 것이다. 믿음이 있고 없고는 항상 삶 속에서 증명된다. 사람들은 모든 일이 종료되고 나서 그 사람이 믿음으로 했는지 아닌지 알게 되지만, 하나님께서는 바로 아신다. 만약 삶의 고통스러운 위기 속에서 믿음을 지킨다면 그것은 하나님을 기쁘시게 할 것이다. 평소에 믿음이 있어도 좋아하시는데 삶의 고통에도 불구하고 하나님을 신뢰한다면 얼마나 기뻐하시겠는가! 우리의 믿음은 하나님을 기쁘시게 하고, 상을 받게 한다.

믿음이 없이는 하나님을 기쁘시게 하지 못하나니 하나님께 나아가
는 자는 반드시 그가 계신 것과 또한 그가 자기를 찾는 자들에게 상
주시는 이심을 믿어야 할지니라 히 11:6

믿음의 확인

나는 자주 카드로 은행계좌를 확인한다. 오래된 습관이다. 1995
년에 선교단체 간사가 되었을 때부터 생긴 것이다. 늘 재정이 없었
기 때문이다. 지금은 예전만큼은 아니지만 가끔 계좌를 확인한다.
내 조카 말고는 재정을 보낼 사람이 없는데도 확인한다. 믿음이 아
닌 인간적인 소망을 가지고….

비슷한 습관이 또 있는데 갓피플에 올라 있는 내 설교의 조회수
를 확인하는 것이다. 요새는 은행계좌를 확인하는 것보다 더 자주
확인하는 것 같다. 조회수를 확인할 때마다 하나님께서 싫어하신
다는 것을 느낀다. 처음에는 주께서 은혜를 주셔서 설교하는데 마
치 내가 무엇을 한 것인 양 하는 내 마음이 문제가 되는 줄 알았다.

그러나 자세히 살펴보니 그것보다도 조회수를 살피는 나를 보시
는 하나님의 슬픔이 느껴졌다. 내가 주로 언제 그것을 집중적으로
살피는지 보았더니, 마음이 허전하고 기댈 데가 없을 때 보면서 위
로를 삼고 있었다.

'다른 사람들은 다 사역을 성공적으로 잘하고 있는데 나는 아직 아무것도 한 것이 없구나. 그나마 나를 인정해주는 곳이 바로 이곳이구나.'

이런 마음으로 살펴보면서 위로를 받고 있었다. 가슴이 아팠다. 이런 나를 보시는 하나님은 얼마나 마음이 아프실까!

재정이 없으면 마음이 허전하다. 그래서 습관적으로 은행계좌를 확인하면서 돈이 있는지 확인하고 싶은 것이다. 혹 제정이 들어와 있으면 금방 마음이 좋아지고 행복해진다. 믿음과는 상관이 없다. 돈이 있으면 마음이 뿌듯하고, 없으면 허전한 것이다. 20여 년 가까이 믿음으로 재정을 받고 사용하고 살았지만 잘 되지 않는다. 그래서 나는 돈이 없어도 살 것처럼 말하는 사람들을 믿지 않는다. 무언가 이상하다는 생각이 든다. 마치 자기가 사람이 아니라고 말하는 듯해서 말이다.

강의를 하고 강사료를 받아서 집으로 가는 버스 안이었다. 강사료가 얼마인지 궁금했다. 누가 보지도 않는데 조금은 위축되고 궁금한 마음으로 봉투를 열어보았다. 강사료를 확인하고 나서 마음이 많이 위축되었다. 기도가 저절로 나왔다.

'하나님, 죄송합니다. 제가 돈을 밝히는 사람 같습니다.'

그러나 기도가 진실하게 되지도 않았고, 따뜻한 용서를 받지도 못했다. 기도를 하면서 드는 생각은 내가 마치 사람이 아닌 것처럼 위선된 기도를 하고 있다는 마음이 들었다.

'길아, 너는 사람이 아니냐?'

이런 책망이 들려오는 듯했다. 하나님께서는 분명히 일하는 소에게 망을 씌우지 말라고 하셨다. 그것은 사역자가 돈을 받는 것이 정당하다는 가르침이다. 스스로 내 입에 망을 씌우고 거룩한 척 하려다가 강사료를 살피면서 자신을 정죄하는 어처구니없는 행동을 하고 있었다.

하나님은 우리가 재정이 필요한 사람들이라는 것을 아신다. 그러나 재정을 믿음으로 받고 사용하는 것을 가르쳐주고 싶어하신다. 허전한 마음으로 재정을 구하거나 재정이 생겼을 때 그로 말미암아 마음이 뿌듯한 것은 믿음이 아니다. 사람이 살아있는 한 재정에 대해서 자유로울 수 없지만 믿음의 투쟁을 통해 훈련할 수는 있다.

돈이 우리 마음을 결정한다면 우리는 재정에 대해서 믿음으로 받고 사용하여 풍성한 열매를 맺는 삶을 살기 어렵다. 돈이 없어서 허전한 마음이 들고 곤고할 그때가 하나님께서 가장 가까이 오실 수 있는 기회이다. 우리 마음이 가난하니 간절하게 하나님을 의지할 수 있다.

나는 가난한 마음으로 빛보다 더 빠르게 은행계좌를 확인하기도 했지만 가끔은 겸손하게 하나님께 진실한 고백을 한 적도 있다. 그때의 은혜는 참 깊다. 아무도 내 상황과 압박감을 모르지만 하나님께서는 내 기도를 통해 내 마음을 이해하시고 만져주신다. 하나님이 주시는 위로를 받으면 여전히 돈이 없어도 마음이 평안해지고 부요해진다. 돈 때문에 이 평강하고 부요한 마음을 빼앗기고 싶지 않다.

실제로 그런 일을 자주 경험했다. 돈이 없을 때의 평안함과 자유함. 단순히 돈이 없기 때문에 그런 것이 아니라 돈이 없는데도 믿음으로 하나님을 의지했을 때 하나님께서 가까이 오심으로 주어지는 그 친밀한 관계가 주는 든든함이 있다. 돈으로 어떻게 할 수 없는 든든한 믿음의 관계는 사람을 행복하게 한다. 정말로 좋은 경험이다. 어려울 때마다 그때의 느낌과 경험이 살아나기 때문이다. 하나님은 결코 나를 죽이시지 않는다. 어려울 때 더 가까이 오신다.

믿음으로 받는 재정

하나님은 우리에게 재정을 주신다. 우리는 믿음으로 하나님께 재정을 받을 수 있다. 욕심으로 재정을 받을 수 없고, 믿음으로 받을 수 있다. 그래서 하나님께 재정을 받으려면 믿음을 먼저 새롭게 해야 한다. 하나님께 받는 모든 것이 우리의 믿음으로 된다. 당연히 재정도 믿음으로 받는다.

지금까지 신용카드를 두 번 정도 사용했다. 자비량으로 살았기 때문에 공식적인 월급이 없다는 이유로 발급받을 수 없었다. 그런데 전셋집이 아내 명의로 되어있기 때문에 아내는 신용카드를 사용할 수 있었다. 아내는 카드를 사용한 만큼 그날그날 정산해서 꼭 현금을 모아놓는다. 그러니까 우리는 현금 대신 카드를 사용하는 것뿐이다.

가족에게도 신용카드를 발급해준다고 했다. 아내는 내가 밖에 나가서 사용하는 재정을 카드로 사용한다면 훨씬 포인트를 더 많이 적립할 수 있고, 버스카드 충전을 굳이 하지 않아도 된다고 했다. 버스와 전철로 다니는 내게는 참 중요한 서비스였다. 그래서 나도 신용카드를 쓰게 되었다. 하지만 신용카드를 사용했던 두 번 다 한두 달 정도 사용하다가 바로 중지했다.

자본주의사회에서 신용카드 사용은 아주 좋은 일처럼 여겨진다. 나도 그렇게 생각한다. 투명한 세금 확보, 무이자 할부를 비롯한 편리한 소비, 소비 활성화로 말미암은 경제 성장. 그런데 나는 자본주의사회의 법보다도 하나님과의 관계 안에서 하나님께서 중요하게 여기시는 것이 더 우선인 사람이다.

두 번 다 하나님께서 신용카드 사용을 별로 기뻐하시지 않는다는 느낌이 들었다. 나만의 느낌일 수도 있다는 것을 일단 말해두고 싶다. 그래도 단순히 느낌이라고만 할 수 없는 것이 신용카드를 사용하면서 늘 재정의 부족함에 시달렸다.

삶의 상황은 사용 전후에 별 차이가 없는데 이상하게 재정의 풍성함이 갑자기 사라지면서 재정에 쫓기게 되었다. 삶이 무질서해진다는 생각이 들었다. 시간을 통제하지 못해도 삶이 얼마나 힘든가. 하물며 돈을 통제하지 못한다는 생각이 들면 삶은 내부적으로 많이 무너지게 된다. 더불어 삶의 경건에도 문제가 된다는 생각을 하게 된다. 돈이 무질서해지면 삶도 영향을 받는다.

자비량으로 살면서 재정 부분에서 하나님이 주시는 훈련을 많이 받았다. 날마다 재정에 대한 훈련이 이어졌다. 이를 통해 두 가지 성경적인 교훈을 생각할 수 있다.

첫째는 성경은 빚에 대해서 부정적이라는 것이다. 사랑의 빚 외에는 빚을 지지 말도록 가르쳐주신다. 신용카드는 빚이다. 또 하나는 하나님이 재정을 주시는데 신용카드는 재정을 신용카드가 준다고 한다. 만약 우리에게 재정이 없고, 신용카드가 없다면 더욱 믿음으로 하나님의 뜻을 기다릴 것이다. 그 사이에 우리의 믿음은 견고해지고, 하나님께서 기뻐하셔서 기적을 베푸실 수 있다. 신용카드는 이런 관계를 빼앗아간다. 급하면 언제든 재정을 쓸 수 있다. 재정에 대한 하나님의 주권을 약화시키는 것이라는 생각이 든다.

나는 현재 한 장의 체크카드만 가지고 있다. 신기하게도 신용카드 사용을 멈추면 바로 재정에 대한 부요함과 풍성함이 회복된다.

먼저 마음에 불편함이 없어지고, 반드시 통장에 잔고가 넉넉하게 된다. 아무 때나 누구를 만났을 때나 따뜻한 밥 한 끼를 살 수 있는 재정이 있다. 우리가 일해서 재정을 벌고 사용하지만 돈을 벌 수 있는 능력을 하나님이 주셨음을 잊지 말라고 성경은 말한다.

> 네 하나님 여호와를 기억하라 그가 네게 재물 얻을 능력을 주셨음이라 신 8:18

또한 빚은 성경적이지 않다. 또한 재정에 대한 통로가 빚이 되는 것은 더욱 성경적이지 않다. 아울러 사람이 재정을 받는 것에 대한 하나님의 주권이 약해지는 것도 성경적이지 않다. 성경적 가치에 위배된 삶에는 반드시 문제가 생긴다. 재정의 영역에서 하나님이 주인 되시고 우리에게 재정을 벌 능력과 돈을 주신다는 것을 항상 기억해야 한다고 성경은 말한다. 신용카드는 그 사실을 약화시킨다. 신용카드는 우리에게 재정을 줄 때마다 빚으로 주고 나중에는 삶을 무질서하게 만든다.

그러나 하나님께서 재정을 주시면 우리는 부요해지고 평강 가운데 행복하며 무엇보다 하나님과 친밀하고 든든한 관계를 구축하게 된다. 돈을 믿음으로 받기 시작하면 하나님께서 얼마나 부요하신지 자주 경험하게 된다. 믿음의 관계를 구축하는 수고와 전쟁을 치를 각오가 있다면, 우리는 늘 평강하고 풍성할 수 있다.

믿음의 확장

삶의 최우선 순위는 예수님과 함께 믿음의 관계 안에서 조건 없이 같이 사는 것이다. 같이 사는 즐거움을 누리는 것이다. 그 다음 어떤 일을 하게 된다면 그 일도 믿음의 신뢰 관계 안에서 진행하게 된다. 한마디로 말하자면 믿음으로 예수님과 모든 일을 함께하며 같이 사는 것이다.

삶의 모든 것이 믿음으로 사는 것이 된다. 그런 행복한 삶에는 오직 예수님만 드러나게 된다. 어떤 공격이나 고난도 믿음의 관계를 깨트릴 수 없다. 잠깐 위협이 되지만 예수님과의 신뢰 관계 안에서 그것이 어떤 성격인지 규명하고 대처할 수 있다.

믿음으로 사는 것이 확장되었을 때 그것은 진정한 일이 된다. 믿음과 일이 분리된 것이 아니라 믿음의 나타남이 일이 되는 것이다. 믿음의 나타남은 몇 가지 특성을 가지고 있다.

1. 예수님이 주도권을 가지고 계신다

믿음의 일은 예수님께서 가지신 의도와 계획으로 시작된다. 사람은 얼마든지 자신의 의도를 숨기고 예수님의 일인 것처럼, 믿음의 일인 것처럼 할 수 있다. 사람의 의도를 통해 일이 진행되어도 마치 믿음의 일인 것처럼 많은 것을 흉내낼 수 있다.

사람들은 스타벅스를 한번 경험하면 다시 경험하기 위해 또 돈을 내고 시간을 낸다. 그러면 스타벅스는 돈을 내는 사람들에게 감동을 준다. 시간과 돈을 내고 경험하는 사람들은 스타벅스 마니아가 된다. 믿음의 일이 아닌 것에도 얼마든지 이처럼 시간과 돈을 내며 헌신하게 할 수 있다. 그러나 그것은 믿음이 아니고, 예수님의 일도 아니다.

2. 일의 진행 과정에서 예수님의 뜻이 항상 관철된다

예수님의 의도와 계획으로 일이 시작되었어도 사람은 도전을 받을 때마다 믿음이 아니라 사람의 뜻으로 일을 만들어갈 수 있다. 그럼에도 겉으로 보기에는 아무런 문제도 일어나지 않는다.

믿음으로 일이 시작된다고 그 과정까지 다 옳은 것은 아니다. 반드시 과정마다 확인해야 한다. 믿음은 마음에 있는 것이므로 세밀하게 확인하지 않으면 내 마음대로 할 가능성이 언제든 존재한다. 일의 진행 과정에서 성령의 인도하심을 따라 예수님의 뜻이 계속 일을 이루고 계신지 확인해야 한다. 중간에 믿음으로 하는 것에 문제가 생겼으면 반드시 돌이켜야 한다.

선교단체에서 큰 집회를 진행할 때 자주 일어나는 일이 있다. 한

창 집회가 진행 중인데 지도자들 중 한 사람이 나와서 무언가 우리 안에 문제가 있다고 말한다. 처음에는 당황하지만 그 사람이 깨어진 마음으로 말하는 것은 회중을 압도한다.

믿음이 아니라 인간적인 생각과 마음이 우리 안에 있고 하나님께서 그것을 싫어하신다는 말을 하면, 모두가 인정하고 회개하여 다시 충만한 마음으로 회복하는 시간을 갖는다. 아무 때나 어떤 사람이나 그럴 수 있는 것은 아니다. 집회에 무언가 문제가 있는데 모두 그것을 잘 알지 못하고 불편한 상황 가운데 있을 때 그 순간 하나님의 뜻을 받은 사람의 말 한마디가 모든 의문을 해소해준다.

점점 그런 사람들과 분위기가 없어졌다. 그것은 사람들이 나약해진 것이 아니라 아마도 하나님의 뜻이 처음부터 없었고, 믿음도 없었고, 오직 사람들의 뜻만 있었기 때문일 것이다.

3. 모든 일의 영광을 오직 하나님만 취하신다

하나님께서 믿음의 일을 통해 영광을 취하셨다는 것이 무엇인지 정확하게 알지 못한다. 하지만 경험을 통해 생각해보자면, 먼저 그 일을 한 사람들 안에 결코 자신을 드러내는 마음이 없다. 사람이니 그런 마음이 없을 리 없지만 그 일의 과정에서 받은 은혜가 커서 모두가 자신의 자랑보다 은혜가 더 앞서고 충만하다.

입에서 나오는 말들이 누가 무엇을 했나 혹은 내가 무엇을 했나가 아니라 받은 은혜와 하나님께서 어떻게 하셨는지에 대한 감사와 찬양이다. 하나님께서 행하신 일에 대한 말들이 가득하게 된다. 기꺼이 그 은혜 안에서 나는 낮아지고 하나님을 높이는 일들이 자연스럽다.

기꺼이 전쟁을 치르고
평안을 누리라

전쟁과 믿음

지난겨울 우리 가족은 일본으로 전도여행을 갔다. 지진과 방사
능이 우리 마음을 짓눌렀다. '이것은 전도여행을 앞둔 전쟁이다'라
는 생각이 들었지만 전쟁은 급하고 믿음은 멀다. 마침 도쿄에 진도
8의 지진이 올 것이라는 학자의 말이 진도 4가 넘는 지진 소식과 함
께 전해지고 있었다.

전도여행을 앞두고 기도하던 딸도 나의 걱정에 놀라움을 금치
못했다. 자신도 묵상하고 기도하면서 그런 마음을 받았다는 것이
다. 어린 딸은 전쟁과 자신의 불안함 그리고 전쟁을 넘어서는 믿음
의 확신이 무엇인지 분별하지 못한다. 그런 딸이 나와 같은 느낌을
가졌다는 것에 신기해하고 놀라워한다.

아내와 같이 기도하면서 계속 받은 마음은 '이것은 전쟁이고, 믿

음이 필요하다'라는 것이었다. 믿음을 가지고 도쿄로의 전도여행을 추진했지만 마음이 시원해지지는 않았다. 마음의 불편함과 눌림은 겪어본 사람만 안다. 그것은 단순히 마음이 어려운 정도가 아니다. 누군가 잠시도 쉬지 않고 내 목을 조르는 느낌이다. 금방이라도 화가 치밀어서 폭발할 것 같기도 하고, 불안해서 어떤 일도 손에 잡히지 않는 불편함이 계속된다.

전도여행을 통해 아내도 그런 일을 겪었다. 아마도 처음 겪는 일인 듯했다. 물론 그동안 믿음으로 살면서 많은 일을 겪었지만 이렇게 숨이 막힐 듯이 괴롭고 눌리는 경험은 처음이라고 했다. 결국 아내는 탈진하여 쓰러져 잠을 잤다. 속으로 중보기도를 했지만 어떤 도움도 되지 못했다.

전쟁 후의 평강

믿음은 자신의 것이다. 마음전쟁도 자신이 하는 것이다. 누군가 대신 전쟁을 치러줄 수는 없다. 우리의 경우 다행히 전쟁은 길지 않았고, 곧바로 아내는 전쟁 후 주어지는 평강을 경험했다. 전쟁을 치르고 난 후 오는 평강은 놀라운 것이다. 그것은 마치 어떤 일을 해도 벗어날 수 없게 만드는 시험과 숙제들에서 한꺼번에 벗어나서 방학을 맞는 느낌이다.

방금 전까지 힘들게 했던 그 전쟁이 순식간에 사라진다. 그래서 만약 전쟁의 순간에 참지 못하고 폭발하면 전쟁이 지난 후 정말로 수치스럽다. 아무런 일도 아닌 것에 흥분했던 자신을 보며 돌이킬 수 없는 허망함을 경험하게 된다. 그 허망함이 스스로를 자책하게 하고 주변 사람들을 상처받게 만든다. 이를 악물고 참아야 한다. 그러면 합당한 열매가 삶에 나타난다.

전도여행을 앞두고 우리 가족은 전쟁을 잘 이겨냈다. 다행히 아내도 전쟁이 무엇인지 이해하게 되었다. 선교단체에서 배웠던 영적전쟁이 실제로 삶 속에서 일어나고 있는 것이다. 나는 다른 사람이 전쟁을 경험하는 것을 보면 마치 그들이 성인식을 치르고, 드디어 어른이 되어가는 것처럼 느껴진다. '너도 겪니? 나도 겪었어!' 하는 마음이다.

그동안은 속 모르고 전쟁을 겪는 사람들에 대해 자기 마음대로 생각했다 해도 전쟁을 경험하고 나면 전쟁을 치르는 사람을 조금이나마 이해하게 되기 때문이다. 전쟁을 아는 사람들에게는 나의 고통을 설명하지 않아도 된다. 군사가 아닌 사람은 군사의 삶의 방식을 이해하지 못하고 자신의 수준에서 사람을 평가한다.

그 사람이 겪고, 치르고 있는 전쟁의 깊이와 고통을 알지 못한다. 그때 겪는 군사의 고통은 상상을 초월한다. 전쟁도 힘든데 전쟁을 모르는 사람의 판단은 더할 수 없이 괴롭다. 문제는 결코 말로는 그 전쟁을 설명할 수 없고, 전쟁을 끝낼 수도 없다는 것이다.

원수가 물러가야 전쟁이 끝나고 평화가 온다. 사람들이 이해해야 전쟁이 끝나는 게 아니다. 함께 군사가 되었다면, 전쟁을 이해한다면 전쟁으로 고통을 겪는 사람을 이해할 수 있다.

우리는 전쟁을 치르는 군사로서 함께 연대해야 한다. 전쟁을 이해하고 전쟁을 치르는 사람들을 보호해야 한다. 혼자 싸우다 넘어진 사람을 비난하는 것이 우리의 일이 아니다. 비난하는 것은 쉽다. 나를 지킬 수 있으니까. 하지만 그런 처신은 전쟁의 날에 아무런 힘이 없다.

즐거운 마음훈련

전도여행의 가장 중요한 목적 중 하나는 아이들을 영적으로 훈련시키는 것이었다. 나도 아내도 아이들도 바쁘다. 그런 상황에서 며칠을 함께 시간을 보내면서 영적인 교제를 할 수 있다는 건 참으로 축복이자 은혜였다.

물론 전도여행이라고 이름을 지었지만 그동안 우리가 해온 여행에서 크게 벗어나지는 않았다. 도심을 보고, 소박하지만 특색 있는 음식들을 사 먹고, 같이 묵상하고 기도하는 정도였다. 그러나 이런 여행을 위해 나는 오랫동안 간절히 기도했다. 전도여행이 재미있고 즐거워서 우리 아이들이 선교에 대해서 자연스럽고 행복한 기억이 있게 해달라고.

아들은 특별히 일본에 대해서 좋은 마음이 있었는데 아무래도 일본식 라면 때문인 듯하다. 일본 선교사가 되면 어떠냐고 웃으면서 말했더니 생각해보겠다고 한다. 이런 말로 아들을 묶지는 않을 것이다. 당연히 아들도 버스 운전사나 요리사에 대한 자신의 꿈을 바꾸지 않을 것이다.

다만 우리 아이들이 평생 기도하고, 전쟁하며, 도시를 밟는 군사의 삶을 행복하게 생각할 수 있었으면 하는 바람이다. 가족이 함께 아시아의 대도시를 돌아다니면서 자연스레 선교사로 살게 될 것을 늘 꿈꾼다.

마음아, 이겨라

초판 1쇄 발행	2013년 3월 22일
초판 9쇄 발행	2013년 7월 12일
지은이	김길
펴낸이	여진구
책임편집	김아진
편집 1실	안수경, 이영주, 김소연, 박민희
편집 2실	최지설, 김수미, 유혜림
기획·홍보	이한민
책임디자인	정해림, 전보영	이혜영, 마영애
해외저작권	김나은
마케팅	김상순, 강성민, 허병용, 이기쁨
마케팅지원	최태형, 최영배, 이명희
제작	조영석, 정도봉
경영지원	김혜경, 김경희
이슬비전도학교	엄취선, 전우순, 최경식
303비전성경암송학교	박정숙, 정나영, 정은혜
303비진징학회 & 303비전꿈나무장학회	여운학
펴낸곳	규장

주소 137-893 서울시 서초구 양재2동 206 규장선교센터
전화 02)578-0003 팩스 02)578-7332
이메일 kyujang@kyujang.com 홈페이지 www.kyujang.com
트위터 twitter.com/_kyujang 페이스북 facebook.com/kyujangbook
등록일 1978.8.14. 제1-22

책값 뒤표지에 있습니다.
ISBN 978-89-6097-299-5 03230

규 | 장 | 수 | 칙

1. 기도로 기획하고 기도로 제작한다.
2. 오직 그리스도의 성품을 사모하는 독자가 원하고 필요로 하는 책만을 출판한다.
3. 한 활자 한 문장에 온 정성을 쏟는다.
4. 성실과 정확을 생명으로 삼고 일한다.
5. 긍정적이며 적극적인 신앙과 신행일치에의 안내자의 사명을 다한다.
6. 충고와 조언을 항상 감사로 경청한다.
7. 지상목표는 문서선교에 있다.

하나님을 사랑하는 자 곧 그의 뜻대로 부르심을 입은 자들에게는 모든 것이 合力하여 善을 이루느니라(롬 8:28)

Member of the
Evangelical Christian
Publishers Association

규장은 문서를 통해 복음전파와 신앙교육에 주력하는 국제적 출판사들의 협의체인 복음주의출판협회(E.C.P.A·Evangelical Christian Publishers Association)의 출판정신에 동참하는 회원(Associate Member)입니다.